Liebenswertes

Languedoc-Roussillon

Text **René Gast**

Fotos **Jacques Debru**

Übersetzung **id2m**

Editions OUEST-FRANCE

AUVERGNE
HAUTE-LOIRE
CANTAL
St-Chély-d'Apcher
Grandieu
Langogne
HAUT-GÉVAUDAN
LOZÈRE
AUBRAC
Nasbinals
Aumont-Aubrac
GÉVAUDAN
St-Amans
Châteauneuf-de-Randon
Parc du Gévaudan
48
Mende
Marvejols
St-Germain-du-Teil
Bagnols-les-Bains
Villefort
Mt Lozère
1699
Ste-Énimie
Florac
Génolhac
Point Sublime
Le Massegros
Gorges du Tarn
Barre-des-Cévennes
St-Ambroix
Aven Armand
Corniche des Cévennes
La Grand-
Peyreleau
Meyrueis
St-Jean-du-Gard
AVEYRON
St-André-de-Valborgne
Alès
Mt Aigoual
PARC NATIONAL DES CÉVENNES
CÉVENNES
Bambouseraie
Anduze
Valleraugue
St-Hippolyte-du-Fort
Le Vigan
Lédignan
Ganges
Grotte des Demoiselles
Quissac
Cirque de Navacelles
Claret
SÉRANNE
PARC DES GRANDS-CAUSSES
MIDI-PYRÉNÉES
St-Martin-de-Londres
Sommières
Lodève
St-Guilhem-le-Désert
St-Gély-du-Fesc
Le Bousquet-d'Orb
LANGUEDOC
Lunel
Castelnau-le-Lez
Clermont-l'Hérault
Lac de Salagou
Gignac
Mauguio
La Salvétat-sur-Agout
1117 Roc de la Layre
Lamalou-les-Bains
Étang de Mauguio
ESPINOUSE
Cirque de Mourèze
Bédarieux
Montpellier
La Grande-Motte
Olargues
Agout
HÉRAULT
Roujan
Palavas-les-Flots
PARC DU HAUT-LANGUEDOC
TARN
34
HTE-GARONNE
St-Pons-de-Thomières
Roquebrun
Pézenas
Balaruc-les-Bains
Étang de Vic
Servian
Frontignan
MONTAGNE NOIRE
CABARDÈS
Saissac
St-Chinian
Minerve
Béziers
Sète
Castelnaudary
Capestang
Agde
Étang de Thau
MINERVOIS
CARCASSÈS
Conques-sur-Orbiel
Oppidum d'Ensérune
Le Cap d'Agde
Canal du Midi
Cap d'Agde
Carcassonne
Coursan
Valras-Plage
Lézignan-Corbières
Fanjeaux
Narbonne
Belpech
Montréal
Narbonne-Plage
GOLFE
Abbaye de Fontfroide
Gruissan
Aude
Étang de Bages-Sigean
RAZÈS
Limoux
Lagrasse
Étang de l'Ayrolles
DU LION
CORBIÈRES
Sigean
Port-la-Nouvelle
ARIÈGE
Chalabre
AUDE 11
PARC DE LA NARBONNAISE EN MÉDITERRANÉE
Couiza
Château de Peyrepertuse
Tuchan
Leucate
Quillan
Gorges de Galamus
Château de Quéribus
Étang de Leucate
PAYS-DE-SAULT
St-Paul-de-Fenouillet
Axat
Estagel
Le Barcarès
FENOUILLÈDES
Rivesaltes
2921 Pic de la Fajeolle
ROUSSILLON
Canet-en-Roussillon
66
Millas
St-Estève
Canet-Plage
Tunnel de Puymorens
Col du Puymorens
Col de Jau 1513
Ille-sur-Têt
Perpignan
Étang de Canet
CAPCIR
Prades
St-Cyprien
2921 Pic Carlit
PYRÉNÉES-ORIENTALES
CONFLENT
Prieuré de Serrabone
Thuir
Elne
CÔTE VERMEILLE
ANDORRE
1915
Abbaye St-Martin-du-Canigou
St-Michel-de-Cuxa
Argelès-sur-Mer
Font-Romeu
ASPRES
Collioure
2409 Port d'Envalira
Llivia (Esp.)
Mont-Louis
2784 Pic du Canigou
Amélie-les-Bains
Céret
Le Boulou
Port-Vendres
Llivia
Prats-de-Mollo-la-Preste
CHAÎNE DES ALBÈRES
Banyuls-sur-Mer
Le Perthus
Cerbère
Bourg-Madame
VALLESPIR
Col du Perthus
Cap Cerbère
1513 Col d'Ares
PARC DES PYRÉNÉES CATALANES
PYRÉNÉES
ESPAGNE
0
25
50 km

Inhalt

Königskanal und Marinekais in Sète

Das Département Aude

Die Weinbaugebiete Corbières und Minervois locken mit von Sträuchern und Büschen gesäumten Pfaden, immergrüner Heide, romanischen Klöstern und auf Bergspitzen thronenden Katharerburgen,

Linke Seite

Die stolze Festung Carcassone: Erhabene Stadtmauern blicken auf 1.000 Jahre Geschichte herab.

die Mittelmeerküste mit malerischen Miniaturhäfen, Seebädern, Weihern und Sümpfen - eine seit Menschengedenken aus Land und Meer geformte, wundersame amphibische Welt, die Montagne Noire, eine umwerfende Landschaft mit Schwindel erregend tiefen Schluchten, Wind gepeitschten Wipfeln, Seen mit roten und ockerfarbenen Ufern und entzückenden mittelalterlichen Dörfern. Und Carcassonne schließlich mit seiner prachtvollen, stolzen und unversehrten alten Festung.

Das Département Aude ist eine Welt für sich, die sich rühmen kann, einige der atemberaubendsten Landstriche Frankreichs und herrlichsten Prachtexemplare der französischen Baukunst zu besitzen.

ALET-LES-BAINS

Beim Anblick dieser kleinen, inmitten eines grünen Tals gelegenen friedlichen Stadt ist es kaum zu glauben, dass sich hinter diesem Ort eine derart alte Geschichte verbirgt. Das Städtchen, das zur Römerzeit aufgrund der heilenden Wirkung seiner heißen Quellen zum Thermalkurort avancierte, war bereits unter den Karolingern Sitz eines großen Benediktinerordens und wurde zu Beginn des 14. Jh. zum Bistum erhoben. Die Religionskriege hatten verheerende Auswirkungen auf die Stadt, insbesondere auf die Kathedrale, die im Jahre 1577 dem Erdboden gleich gemacht wurde, und das Kloster, von dem heute nur noch Ruinen zu sehen sind. Im mittelalterlichen Dorf hingegen ist in den engen, mit Fachwerkhäusern gezierten Straßen bis heute der Charme vergangener Zeiten zu spüren.

BAGES UND SIGEAN

Auf einem Felsvorsprung wacht das Dorf Bages über den 3.200 ha großen See von Bages und Sigean, der vormals den Golf von Narbonne bildete und heute durch eine Landzunge vom Meer abgetrennt ist. Der Besucher erliegt schnell dem Reiz dieses kleinen Fischerdörfchens mit seinen steilen Gassen und Treppen, Festungsmauern und seinem malerischen kleinen Fischereihafen. 2 km südlich der Ufer des Sees liegt Sigean, der ehemalige Einfahrtshafen zur Corbières-Region. In den schmalen Straßen des Ortes scheint ein Hauch Italien zu wehen. Besonders sehenswert sind die Büßerkappelle mit ihrer schmiedeeisernen Kuppel und das Corbières-Museum, das eine Abteilung für Archäologie, Ornithologie und Volkskunst beherbergt.

Oben

Die Ruinen der Abtei Alet-les-Bains - Mittelpunkt einer strahlenden Kultur im Mittelalter

Oben

Die Gässchen von Sigean durchweht ein Hauch Italien.

Oben links

Im afrikanischen Reservat von Sigean leben auf 250 ha Hunderte von Tieren in überwachter Freiheit, darunter Löwen, Elefanten und Rhinozerosse.

Links

Das Dorf Bages an den ruhigen Gewässern des gleichnamigen Sees

CARCASSONNE

In Carcassonne betreten Sie die größte Festungsanlage Europas. Mit ihrem 3 km langen Stadtwall aus zwei konzentrischen Ringmauern, ihren 52 Türmen, Zugbrücken, Schießscharten, Pechnasen, teilweise bewässerten Gräben und imposanten Stadttoren, von denen allein die Porte Narbonnaise fast schon eine Burg darstellen könnte, ist die Stadt ein Musterbeispiel mittelalterlicher Militärarchitektur. Auch wenn die von Mérimée eingeleiteten und von Viollet-le-Duc zwischen 1844 und 1870 durchgeführten Restaurierungsarbeiten einige Fehler und Ungenauigkeiten bargen, so spiegelt doch das heutige Erscheinungsbild der Stadt recht gut den „ursprünglichen Zustand" (laut Viollet-le-Duc) einer mittelalterlichen Festung wider.

Die Besichtigung der Altstadt (Cité) beginnt in der Regel mit der Porte Narbonnaise. Hinter dem von zwei Türmen aus dem 13. Jh. eingefassten Tor mit Zugbrücke erstreckt sich zwischen den beiden Ringmauern der breite Wehrgang Les Lices. Schlägt man die gepflasterte und von entzückenden alten Häusern gesäumte, steile Rue Cros-Mayrevieille ein, die trotz der unzähligen Souvenirläden ihr malerisches Ambiente nicht ganz verloren hat, erreicht man das Grafenschloss, das im 12. Jh. von der Vicomte-Familie Tranceval von Carcassonne erbaut wurde. Diese „Festung in der Festung", geschützt durch Wassergräben, dicke Mauern und sechs Türme, wurde von den Herrschern der Stadt im Belagerungszustand genutzt, um deren Verteidigung zu koordinieren. Ein wahres architektonisches Juwel ist die Basilika Saint-Nazaire-et-Saint-Celse mit einem romanischen Kirchenschiff, einem gotischen Chor und Querschiff und Kirchenfenstern aus dem 13. und 14. Jh. Neben diesen drei Meisterwerken sollte man jedoch keinesfalls die Besichtigung der Türme versäumen, darunter die Porte Narbonnaise, die Porte de Vade, die Porte du Tréseau und die Porte de l'Inquisition. Auf einem ausgiebigen Spaziergang durch die Gassen der Cité und den Wehrgang Les Lices zwischen den beiden Ringmauern kommt der Zauber von Carcassonne erst richtig zur Geltung.

Links

Das gräfliche Schloss mit fester Brücke

Allzu oft übersehen und dennoch sehenswert ist die im 13. Jh. zu Füßen der Altstadt erbaute Bastide Saint-Louis an den Ufern der Aude. Kennzeichnend für diese befestigte Stadt sind das schachbrettförmige Straßennetz und die schönen alten Wohnhäuser, die dem Ort einen unwiderstehlichen Charme verleihen. Weitere unumgängliche Sehenswürdigkeiten sind die alte Brücke (14. Jh.), die Kathedrale Saint-Michel (13. Jh.) und die Karmeliterkapelle (13. Jh.).

Oben

Das Feuerwerk zum Nationalfeiertag (14. Juli) lockt alljährlich mehrere zehntausend Zuschauer. © P. Cartier.

Unten

An der Porte d'Aude, die zum Grafenschloss führt, schlägt dem Besucher die Imposanz der Festungsanlage entgegen.

Castelnaudary und die Abtei Saint-Papoul

Der Ortsname Castelnaudary lässt unweigerlich an den Bohneneintopf Cassoulet denken, eine regionale Spezialität, von der nicht genau geklärt ist, ob sie nicht doch aus Toulouse oder Carcassonne stammt. Aber die Hauptstadt der Lauragais-Ebene hat weit mehr zu bieten als nur diesen schmackhaften Gaumenschmaus. Pierre-Paul Riquet machte sie auf der Strecke zwischen Toulouse und dem Thau-See zur wichtigsten Hafenstadt am Canal du Midi, wodurch ihr mehr als zwei Jahrhunderte lang Wohlstand beschieden war. Heute setzt Castelnaudary auf den Flusstourismus und damit seine traditionelle Hafengeschichte fort. Im 7 ha großen Becken, in dem vormals Kähne, Fischerboote und Lastschiffe zuhauf anlegten, herrscht insbesondere in den Sommermonaten reges Treiben. Zu einem Bummel durch die Altstadt laden die vielen Gassen ein, die mit schönen alten Bauten und Patrizierhäusern im klassizistischen Stil gesäumt sind. Zu den beeindruckendsten Bauwerken zählt sicherlich die Stiftskirche Saint-Michel. Mit seinem „Clocher-porche", einem Glockenturm mit Portal, das auf bizarre Weise eine Straße überspannt, ist das Gotteshaus ein herrliches Beispiel südfranzösischer Gotik. Bemerkenswert ist auch das Présidial-Gerichtsgebäude. Dieses ehemalige Castellum wurde im Jahre 1355 von Edward von Woodstock, bekannt unter dem Namen „Schwarzer

Oben

Der Kreuzgang der Abtei Saint-Papoul

Links

Das große Becken von Castelnaudary, der größten Hafenstadt des Canal du Midi

Prinz", völlig zerstört und diente nach dem Wiederaufbau als Gericht und Gefängnis. In der Kapelle Notre-Dame-de-la-Pitié sind mit Blattgold verzierte Wandvertäfelungen aus dem 18. Jh. zu sehen. Im Hospiz Saint-Jacques kann man eine umfangreiche Steingut- und Porzellansammlung aus dem Besitz des Apothekers bewundern. Schließlich bietet sich an der Cugarel-Mühle, einziges Überbleibsel der vormals 32 Mühlen der Stadt, ein herrlicher Ausblick auf die Umgebung. In etwa 10 km Entfernung liegt die Abtei Saint-Papoul. Sie wurde im 8. Jh. von Karl dem Großen gegründet und war von 1317 bis zur Französischen Revolution Bischofssitz. Die Kathedrale (Chor aus dem 12. Jh., Kirchenschiff aus dem 14. Jh.) ist vor allem aufgrund ihrer bemerkenswerten Skulpturen an den äußeren Kapitellen bekannt, einem Meisterwerk von Cabestany. Allein schon die bischöfliche Residenz und der Kreuzgang aus dem 14. Jh., dessen romanische Bestiensäulen im Rundbogen mit Pflanzenmotiven und Fratzen verziert sind, machen die Abtei Saint-Papoul zu einem regelrechten Kleinod, dem bedauerlicherweise nicht ausreichend Beachtung geschenkt wird. Verkannt ist leider auch das Dorf, das sich mit seinem Stadtwall und wunderschönen Fachwerkhäusern bestens in die malerische Aura der Abtei einfügt.

Rechts

Die Mühle von Cugarel bietet einen überwältigenden Ausblick auf die Lauragais-Ebene.

FONTFROIDE

In der herrlichen Corbières-Region liegt in einem zwischen felsigen Hügeln eingebetteten Tal die in hellem Stein gehaltene, wunderschöne Abtei Fontfroide, die zu Recht zu den schönsten Abteien Südfrankreichs zählt. Die im 11. Jh. von Benediktinermönchen gegründete Abtei schloss sich später dem strengen Zisterzienserorden an. Bereits während der Verfolgung der Katharer spielte Fontfroide eine bedeutende Rolle und genoss das ganze Mittelalter hindurch ein ausgesprochen hohes Ansehen, mit dem Resultat, dass einer ihrer Äbte zum Papst gewählt wurde. Seit dem 20. Jh. befindet sich die Abtei im Privatbesitz und wurde einer gründlichen und gelungenen Restaurierung unterzogen. Die Abteikirche, der Kreuzgang aus dem 12. Jh., der Ehrenhof, der Schlaf- und Speisesaal der Glaubensbrüder, der nach Ludwig XIV. benannte Hof und nicht zuletzt der Rosengarten bilden ein wirklich prachtvolles Ensemble.

Rechte Seite
Rosengarten zu Füßen der Abteikirche

Links
Der gotische Kreuzgang gilt als einer der schönsten von ganz Südfrankreich.

Unten
Wie ein Wunder erhebt sich die Abtei Fontfroide aus der rauen Mittelmeerlandschaft mit strauchiger Heide und immergrüner Macchia.

GRUISSAN

Der mittelalterliche Ort Gruissan nahe der Küste liegt an den stillen Wassern eines Sees. Ockerfarbene Dachziegel ziehen sich wie ein goldenes Band um den Felsvorsprung, auf dem die Ruinen des Schlosses Barbarossa über dem Fischerdorf thronen. In den kreisförmig angelegten Straßen verleihen die ockerfarbenen Fassaden und Dächer der Fischer- und Winzerhäuser dem Ort einen ganz außergewöhnlichen Reiz. Der unendlich weite Strand mit seinen versetzt angeordneten 1.300 Holzhäusern auf Pfählen bietet eine ausgefallene Kulisse, die den Filmemacher Jean-Jacques Beineix zu seinem Film *Betty Blue - 37,2 Grad am Morgen* inspirierte. Dieser atemberaubende Dekor lässt zum Glück die mittelmäßige Architektur der in den 60er Jahren erbauten Marina Port-Gruissan etwas „erträglicher" erscheinen.

Unten
Bei Surfern einschlägig bekannt: der Gruissan-Strand

Oben
Noch immer wachen die Ruinen des Barbarossa-Schlosses über das Dorf Gruissan.

LA CLAPE

Zwischen der Ebene von Narbonne und dem Meer erhebt sich nördlich von Gruissan ein Kalkgebirge aus bizarren Felsformationen. Schluchten, Klippen, Abgründe, Seen, Weinberge, Pinien bewachsene Hügel und Heide, auf denen es nach Thymian, Myrte und Rosmarin duftet, machen La Clape - den „Steinhaufen" - zu einer abgeschirmten, gut geschützten Naturlandschaft, in der noch sehr seltene Pflanzen wie die Stern-Flockenblume (lat. *Centaurea calcitrapa*) heimisch sind. In diesem Wanderparadies gelangen Sie über ausgeschilderte Wanderwege oder mit dem Auto über einige kurvenreiche Straßen zu den Sehenswürdigkeiten des Bergmassivs: die Einsiedlerei Notre-Dame-des-Auzils, der Seemannsfriedhof, der spektakuläre, in einer Senke gelegene Salzsee Gouffre de l'Oeil-Doux mit einem Durchmesser von 100 m und seinen hoch aufragenden Kalkklippen, die Dörfer Fleury, Saint-Pierre-sur-Mer und Armissan, der Weiler Les Cabanes-de-Fleury am Grau de Vendres und schließlich das Weingut Hospitalet, das neben seinen Ländereien mehrere Museen besitzt, die eklektische Sammlungen - von Oldtimern bis Fossilien - ausstellen.

Oben

Die Einsiedlerei Notre-Dame-des-Auzils

Links

Die unterirdisch mit dem Meer verbundene Senke Œil-Doux

LAGRASSE

Einfach hinreißend ist dieses kleine Städtchen mit seinen rosafarbenen Dächern, das von Weinbergen und Heide eingekreist am Rande des Orbieu-Tals liegt: von Fachwerkhäusern gesäumte, mittelalterliche Gassen, Festungsfragmente wie die Porte de l'Eau und der Tour de Plaisance, wunderschöne Markthallen aus dem Jahre 1315 und Zeugen der mittelalterlichen Märkte, die der damaligen Hauptstadt der Corbières-Region zu ihrem Reichtum verhalfen, sowie die über den Orbieu führende Brücke Pont Vieux aus dem 12. Jh.

Neben all diesen Schönheiten ist jedoch in erster Linie die Abtei aus dem 8. Jh. dafür verantwortlich zu machen, dass Lagrasse zu den interessantesten Sehenswürdigkeiten des Départements Aude zählt. Bis zum Hundertjährigen Krieg genoss die Abtei einen sehr großen geistlichen und politischen Einfluss. Nachdem sie drei Jahrhunderte hindurch dem Verfall preisgegeben war, erlebte sie im 18. Jh. einen kurzen Aufschwung, bevor sie durch das Revolutionsgeschehen in französisches Nationaleigentum überging. Heute befindet sich die Abtei von Lagrasse wie auch die Abtei Fontfroide im Privatbesitz. Bei der Besichtigung sticht als erstes der beeindruckende 40 m hohe bergfriedartige Kirchturm ins Auge, der einen grandiosen Ausblick auf die gesamte Umgebung bietet. Der Besuch führt anschließend in das Abtgebäude in klassizistischem Stil, den Kreuzgang aus dem 12. Jh., die Kirche aus dem 13. Jh., den vorromanischen und gleichzeitig ältesten Turm der Abtei aus dem 10. Jh., die Klostergebäude mit einem immensen Schlafsaal, dessen Dachstuhl der Form eines umgedrehten Schiffsrumpfs nachempfunden ist, den zweistöckigen romanischen Kreuzgang und die Kapelle des Abts, in der ein prachtvolles Fußbodenmosaik und wunderschöne Fresken zu sehen sind.

Oben

Elegant überspannt der Pont Vieux den Orbieu an der Einfahrt nach Lagrasse.

LIMOUX

Limoux ist in Frankreich vor allem für seine Blanquette bekannt, einen Schaumwein, der hier schon zum Prickeln gebracht wurde, lange bevor der Champagner überhaupt erfunden wurde. Auch wird seit dem 14. Jh. in Limoux jeden Sonntag im Januar und am Aschermittwoch ausgiebig Karneval gefeiert. Weniger bekannt sind die herrlichen Zeugen seiner reichen Vergangenheit, als Limoux durch die Tuchherstellung zu Wohlstand gelangte: ein Turm aus dem 13. Jh. und Überbleibsel des gewaltigen mittelalterlichen Stadtwalls, die romanisch-gotische Kirche Saint-Martin, in der u. a. ein Reliquienschrein (15. Jh.) aus Silber und vergoldetem Silber zu sehen ist, das Augustinerkloster mit einer Fassade aus dem 14. Jh., das Altstadtviertel, in dem wunderschöne aristokratische Wohnhäuser die Gassen zieren (z. B. die Rue Toulzane und die Rue de la Blanquerie), Fachwerkhäuser und Arkaden auf dem Place de la République und der Pont Neuf, der seit dem 14. Jh. die beiden Stadtteile dies- und jenseits des Aude miteinander verbindet. Lohnenswert ist ebenfalls ein Abstecher ins „Catharama" (47, rue Fabre-d'Églantine), wo der Besucher in einer Filmvorführung alles Wissenswerte über die Geschichte der Katharer erfährt.

Oben

Karneval in Limoux: drei Monate ausgelassene Feststimmung

Unten

Los Femnos heißen die Frauen, die beim Karneval ebenso prächtige wie romantische Kostüme tragen.

NARBONNE

Narbonne galt im römischen Gallien als eine der schönsten, wenn nicht gar schönste Stadt. Dank ihrer idealen Lage inmitten eines tiefen, heute verschwundenen Golfes entwickelte sich die rege Hafenstadt zu einem bedeutenden Handelszentrum zwischen Marseille und Spanien und blieb bis zum Ende des Römischen Reiches Hauptsitz der *Provincia Narbonensis*, einer riesigen, von den Pyrenäen bis zur Garonne und Rhône reichenden Provinz. Die Invasionen der Barbaren hätten fatale Folgen für den Ort haben können, wenn die Westgoten Narbonne nicht zu ihrer Hauptstadt erklärt hätten. Der Verfall der Stadt setzte erst im 14. Jh. mit der Versandung des Golfes ein. Die verheerenden Folgen des Hundertjährigen Krieges und die Schwarze Pest taten das Ihre dazu. Paradoxerweise sind aus der gallisch-römischen, sprich aus der glorreichsten Epoche der Stadt, heute kaum noch Spuren erhalten geblieben. Nachdem die Stadt ihren Zugang zum Meer eingebüßt hatte, wurde sie im 16. Jh. zu einer Festung umgebaut. So mussten die Steine der römischen Bauwerke zur Errichtung des Stadtwalls herhalten. Einzig erhalten geblieben ist das Horreum oder „Trockenspeicher“,

Oben

Der vom «Palais Neuf», dem Bergfried Gilles-Aycelin und dem Turm Saint-Martial gesäumte Rathausplatz

Unten

Basilika Saint-Just-et-Saint-Pasteur: Höhepunkt südländischer, gotischer Baukunst

ein mit Skulpturen und Flachreliefs verziertes, beeindruckendes Kellerlabyrinth, das wohl als Speicher diente. Hingegen hat die Stadt zahlreiche Baudenkmäler aus dem Mittelalter bewahren können. Eindrucksvollstes Beispiel ist ohne Zweifel das Monumentalbauwerk, das die Basilika Saint-Just-et-Saint Pasteur und das erzbischöfliche Palais bilden.

Letzteres wird durch die Passage de l'Ancre in zwei Gebäude unterteilt: das alte Palais Vieux (12. Jh.), dessen zwei Flügel den Madeleine-Bergfried einrahmen, und das neue Palais Neuf (14. Jh.) mit einer von Viollet-le-Duc restaurierten Fassade, die von dem Bergfried Gilles-Aycelin und dem Turm Saint-Martial flankiert wird. Im Palais Neuf sind neben dem Rathaus noch das archäologische Museum und das Kunst- und Geschichtsmuseum untergebracht. Die Basilika mit ihren beiden riesigen Glockentürmen und grazilen Strebebögen gilt als eines der schönsten gotischen Bauwerke Südfrankreichs. Auch wenn die Basilika niemals fertig gestellt wurde - sie besitzt beispielsweise kein Kirchenschiff -, erreicht sie mit ihrem 41 m hohen Chorgewölbe doch beachtliche Ausmaße. Harmonisch abgerundet wird das Bauwerk durch einen Kreuzgang aus dem 14. Jh. und den erzbischöflichen Garten. Die Besichtigung von Narbonne ist aber erst richtig abgeschlossen mit einem Spaziergang an den Ufern des Canal de la Robine und der Erkundung des Stadtteils Saint-Paul. Sehr sehenswert sind die alten Wohnhäuser, wie das berühmte Maison des Trois-Nourrices (Haus der drei Ammen) und die romanisch-gotische Basilika Saint-Paul-Serge.

Oben

Mitten in Narbonne schlängelt sich der Canal de la Robine bisweilen unter die Häuser hindurch.

Rechts

Auf der Via Mercaderia nachgespielte Szenen vom Liebeshof der Vicomtesse Emengarde (12. Jh.)

REGIONALPARK LA NARBONNAISE EN MEDITERRANÉE

Der 2003 eingerichtete Regionalpark bietet auf 80.000 ha eine große Artenvielfalt in einer Landschaft, wo Kalksteinklippen und lagunenartige Teiche sich mit trockenen Heidelandschaften und Feuchtzonen abwechseln. Zusätzlich bereichert und diversifiziert werden die Biotope durch die kontrastierenden Klimaeinflüsse von Mittelmeer und Gebirge, die hier sage und schreibe an die fünfzig unterschiedliche natürliche Milieus geschaffen haben. Das erklärt die große Vielfalt an Pflanzen- und Tierarten: rund 2.000 höhere Pflanzen- und 300 Vogelarten, darunter zahlreiche Wandervogelarten, die hier wie in der Camargue ein günstiges Klima für Zwischenstopps oder zur Überwinterung finden. Doch der Park ist nicht nur wegen seiner Naturstandorte wie beispielsweise La Clape (s. S. 15) und Sainte-Lucie (s. S. 22) bemerkenswert. Auch Ortschaften wie Bages und Sigean (s. S. 6) zählen mit ihrer unversehrt erhaltenen Architektur zu den schönsten Ausflugszielen der Aude-Region.

Oben

Auf dem Treidelweg am Robine-Kanal spenden Schirmkiefern Schatten.

Unten

Weg durch die Garigue bei Port Leucate

Oben

Weinanbau in den Corbières und Kapelle Saint-Félix bei Castelmaure

Oben rechts

Das Weinbaugebiet Fontfroide

Rechts

Weinbauernrefugium (Capitelle) bei Fitou

Der Park in Zahlen

80.000 ha, 36.500 Einwohner, 30 km Küste, 8.000 ha Feuchtgebiet, 300 ha Strand und Dünen, 20.000 ha Meer, 740 ha Salinen, 24.000 ha immergrüne Heide, 6.500 ha Wald, 15.000 ha Weinbaugebiet, 15.236 ha Naturraum, dessen Anschluss an das Schutzgebietsnetz Natura 2000 vorgeschlagen wurde. ■

PORT-LA-NOUVELLE

Port-la-Nouvelle, drittgrößter französischer Hafen im Mittelmeerraum, ist nicht im üblichen Sinne eine Touristenattraktion, wartet jedoch in unmittelbarer Umgebung mit so manchen Sehenswürdigkeiten auf. Von Bages aus erreicht man die Hafenstadt über die romantisch anmutende Route des Étangs (zu dt. Straße der Weiher). In diesem unüberschaubaren Gefüge aus Sümpfen, Inseln und Weihern leben die Einwohner seit Menschengedenken von Fischfang, Weinbau und Salzgewinnung. Zwischen Binsen und Schilfrohr sind unzählige Flamingos und Reiher zu beobachten. Sehr zu empfehlen sind der zwischen Weiher und Meer führende botanische Lehrpfad der Insel Sainte-Lucie und der Katharerpfad durch die Heide in Richtung des reizenden Dorfes Lapalme.

Südlich von Port-la-Nouvelle empfiehlt sich ein Halt in Leucate. Erklimmen Sie die auf einem Felsvorsprung errichtete Burg und genießen Sie den wunderbaren Ausblick auf das Dorf, die vielen Weiher und das Weingebiet Corbières. Wanderlustige und Mountainbike-Fans finden ihr Glück auf wunderschönen Küstenwegen längs der Klippen von Cap Leucate. Zwischen dem alten Dorf und dem Seebad Port-Leucate schließlich versprechen kilometerlange Sandstrände angenehme Bade- und Sonnenstunden.

Oben

Am Weiher von Leucate sind heute mehr Urlauber als Fischer und Salinenbesitzer bei der Arbeit zu sehen.

Unten

Auf einem Kai in Port-la-Nouvelle

Unten links

Die paradiesische Insel Sainte-Lucie

RENNES-LE-CHÂTEAU

Ein gehöriges Maß an Fantasie ist nötig, um sich dieses bescheidene Dorf zu Zeiten westgotischer Besetzung als königliche Stadt vorzustellen, hinter deren mächtigen Festungsmauern mehr als 30.000 Einwohner lebten. Tatsächlich erlebte der Ort nahezu sechs ruhmreiche Jahrhunderte, die durch die aragonesischen Truppen und die Kreuzzüge des Simon de Montfort zunichte gemacht wurden. Heute sind es nicht so sehr die glorreiche Vergangenheit, von der nur wenige Spuren erhalten geblieben sind, noch der besondere landschaftliche Reiz des Ortes, die den Besucher nach Rennes-le-Château locken. Magische Anziehungskraft übt vielmehr ein nicht gelöstes Rätsel aus, das Anlass zu zahlreichen Spekulationen gab. Im ausgehenden 19. Jh. soll hier der damalige Pfarrer des Ortes namens Saunière einen ungeheuren Schatz gefunden haben. Nachdem er einige Jahre hindurch in aller Heimlichkeit Ausgrabungen unternommen hatte, gelangte er plötzlich zu unbeschreiblichem Reichtum, den er zu aufwendigen Restaurierungsarbeiten der Kirche und zum Kauf von Ländereien nutzte. Er ließ sich eine Villa, einen Turm und eine Orangerie bauen und einen riesigen Park anlegen. Seitdem wurden zahlreiche Vermutungen angestellt: Der Pfarrer habe den Schatz der Westgoten, der Katharer oder Templer gefunden, oder gar den Schatz der Königin Blanche de Castille, den heiligen Gral oder die Bundeslade! Tatsache ist, dass es trotz des Ausgrabungsverbots Okkultisten, Rutengänger und Schatzsucher seit Jahrzehnten nach Rennes-le-Château zieht, in der Hoffnung, die Goldgrube des Pfarrers - bzw. das was davon übrig ist - ausfindig zu machen.

Unten

Der Magdala-Turm: Ausguck am Weg eines verborgenen Schatzes

Unten

Erlag Pfarrer Saunière den Versuchungen dieses Teufels?

KATHARERBURGEN IM DÉPARTEMENT AUDE

„Katharer" wird vom griechischen *katharos* abgeleitet und bedeutet soviel wie „rein". Der Katharismus und die schreckliche Unterdrückung der Anhänger dieser streng asketischen Glaubensgemeinschaft haben den Südwesten Frankreichs stark geprägt. Kaum eine Stadt, kaum ein Dorf blieb von den Massakern, Plünderungen und Zerstörungen der Kreuzzüge gegen die Katharer verschont. Die französische Krone sah in den Kreuzzügen eine Gelegenheit, große Ländereien zu annektieren, und unterstützte die Kirche in ihren Gräueltaten. Das Prinzip dieser Lehre aus dem Orient beruht auf der Konfrontation des von Gott gewollten Guten und des von Satan geschaffenen Bösen. Die Seele des Menschen ist Teil des Guten, während sein Körper Teil des Bösen ist. Um ins Reich des Guten zu gelangen, führten die Katharer ein Leben in Armut, Keuschheit, Demut und Arbeit, fasteten und ernährten sich ausschließlich vegetarisch, da das Töten von Tieren verboten war. Die Kirche konnte nicht mit Gleichgültigkeit auf eine Glaubenslehre reagieren, die gewisse Sakramente verneinte und dazu den Reichtum und die Sittenvernachlässigung des Klerus kritisierte. Unter dem Vorwand der Ermordung eines päpstlichen Legaten verkündete Papst Innozenz III. im Jahre 1208 den ersten Kreuzzug gegen die Albigenser.

Unten

In 400 m Höhe überragt die Burg Aguilar die Tuchan-Ebene und versperrte lange Zeit den Zugang zur zentralen Corbières-Region.

Peyrepertuse

Diese größte aller Katharerburgen wird auch das „Himmlische Carcassonne" genannt. Die von tiefen Schluchten eingefasste Festung entbehrt aller Worte: Mit ihrem 2,5 km langen Festungswall, zwei Burgen, einer Kirche, mehreren Häusern und einem imposanten Bergfried erinnert sie eher an eine Stadt als an eine Burg. ■

Aguilar

Auf einem Hügel überragt in 400 m Höhe die Burg Aguilar die angrenzende Ebene. Das Bauwerk wird durch zwei polygonale Festungsmauern, Rundtürme und einen Bergfried geschützt. Wie Termes fiel auch Aguilar im Jahre 1210 Simon de Montfort in die Hände. ■

Oben

Peyrepertuse hat seinen Ruf einer quasi uneinnehmbaren Festung Ludwigs IX. zu verdanken, der die Burg neu befestigen ließ.

Rechts

Als die Burg Puilaurens nach dem Pyrenäen-Abkommen ihren strategischen Nutzen verlor, wurde sie zeitweise als Gefängnis genutzt.

Puilaurens

Puilaurens zählte mit Aguilar, Peyrepertuse, Quéribus und Termes zu den so genannten „fünf Söhnen von Carcassonne". Einem Wachtposten gleich lag diese imposante Burg mit Festungsmauern und mächtigem Bergfried auf einem 700 m hohen Gipfel an der Grenze zum Königreich Aragonien. Die scheinbar uneinnehmbare Festung musste schließlich im Jahre 1256 vor den Kreuzrittern kapitulieren. ■

Puivert

Auch wenn Simon de Montfort die Burg Puivert ohne größere Schwierigkeiten einnehmen konnte, fiel ihr Schicksal im Vergleich zu vielen anderen Katharerburgen weniger tragisch aus. Nachdem der Frieden wieder eingekehrt war, wurden in Puivert, wo Troubadoure den Ton angaben, lange Zeit Minnegesangswettbewerbe ausgetragen. Im 35 m hohen Bergfried aus dem 14. Jh. befinden sich eine Kapelle und drei Säle, davon ein Musiksaal mit einem herrlich verzierten Spitzbogengewölbe. ■

Termes

Von Schluchten und durch eine doppelte Ringmauer geschützt, galt dieses „Adlernest" lange Zeit als uneinnehmbar. Im Jahre 1210 jedoch, als Simon de Montfort die Burg vier Monate lang belagerte, waren die von Wassermangel und Ruhr gepeinigten Katharer zur Aufgabe ihrer Festung gezwungen. Dieser erfolgreiche Schlag der Kreuzritter sollte den katharischen Widerstand nachhaltig schwächen. ■

Oben

Die Eroberung von Puivert war ein enttäuschender Schlag für die Kreuzritter, da sämtliche Verteidiger der Burg durch unterirdische Gänge entkommen konnten.

Rechts

Raymond, Lehnsherr von Termes und einer der größten Anführer der Katharer, wurde hier bis zu seinem Tode gefangen gehalten.

Oben

Der Fall von Quéribus kurz nach der Eroberung von Montségur besiegelte den Sieg der Kreuzritter über die Katharer.

Quéribus

Hier endete 1255 die katharische Häresie – wenn auch „nur“ im militärischen Sinne. Diese auf einer Felsspitze gelegene „Schwindel erregende Zitadelle“, deren Mauern nahtlos in den Fels überzugehen scheinen, überragt in 728 m Höhe eine außergewöhnlich karge Berglandschaft. Ihr vieleckiger Bergfried besitzt einen prachtvollen gotischen Saal. Quéribus gilt mit als schönstes Vorzeigestück mittelalterlicher Militärarchitektur. ■

Unten
Die Burg Padern: eine der letzten Bastionen des Widerstands der Katharer

Oben
Auf einem Felsvorsprung thront die von Schluchten umgebene Burg Saissac.

Unten
Die Überreste von zwei der vier Burgen von Lastours: Cabaret und Tour Régine

Zuhauf kamen die Kreuzritter aus dem Norden herbeigeströmt, die mit denselben Vergünstigungen wie für Kreuzzüge ins Heilige Land angeworben wurden und davon träumten, Ländereien in den reichen südlichen Gegenden zu ergattern.

Der zunächst von Simon de Montfort bis zu seinem Tod im Jahre 1218 und dann von seinem Sohn Amaury weitergeführte „Heilige Krieg" war von erbarmungsloser Grausamkeit. Auch wenn die Hochburgen der Katharer nach und nach den Kreuzrittern zum Opfer fielen, konnte die Häresie doch nicht vollständig vernichtet werden. So verkündete Papst Honorius III. im Jahre 1226 einen zweiten Kreuzzug, dessen Oberbefehl der König von Frankreich, Ludwig VIII., übernahm. Zur Unterstützung der Ketzerverfolgung rief Gregor IX. im Jahre 1233 die Heilige Inquisition ins Leben, die den Gerichten die Verfolgung und Verurteilung von Häretikern übertrug. Trotz dieser gewaltigen Mittel leisteten die Katharer noch etwa dreißig Jahre hindurch Widerstand. Erst nach dem Fall von Quéribus, der letzten Hochburg der Katharer, im Jahre 1255 wurden diese endgültig militärisch geschlagen. Der Katharismus hingegen wurde heimlich weiterpraktiziert.

Auf den höchsten Anhöhen der Corbières-Region zeugen bis heute die Burgruinen vom heroischen Widerstand der Katharer gegen die Kreuzritter. Erhaben und streng zugleich erinnern die von den „Guten Christen" oder „Vollkommenen" verteidigten Burgen Termes, Aguilar, Quéribus, Peyrepertuse und Puivert auf ewig an eines der größten Verbrechen, das von Christen gegen Christen im Namen des selben Gottes ausgeübt wurde. Gleichermaßen sind sie Mahnmal des Untergangs einer der bemerkenswertesten europäischen Zivilisationen des Mittelalters.

Oben

Den Arques-Bergfried erbaute Gilles de Voisin, Oberstleutnant von Simon de Montfort, im 13. Jh.

Das Département Gard

Man nehme eine gute Portion Camargue, eine Scheibe Mittelmeer und ein Stück Cevennen und bereichere das Ganze mit Heide, Weinbergen, Wäldern, Wildbächen, Weihern, Sandstränden und mittelalterlichen Dörfern. Zum Verzieren verwende man römische Bauwerke und malerische, alte Städte.

Linke Seite
Der Pont du Gard, kolossales architektonisches Meisterwerk, scheint trotz seines hohen Alters (2.000 Jahre!) noch in tadelloser Verfassung.

Nun runde man das Ganze aromatisch durch eine Prise Thymian und etwas Lavendel ab und lasse es unter der Sonne des Südens garen. Und schon ist es fertig, das Erfolgsrezept Gard. Mit seiner unnachahmlichen Würze verspricht dieser einzigartige, harmonische Eintopf aus unberührter Natur, atemberaubenden Landstrichen und betörenden architektonischen Schätzen einen genüsslichen Aufenthalt.

AIGUES-MORTES

In den Augen Chateaubriands glich Aigues-Mortes einem „gestrandeten Schiff mit hoher Reling". In der Tat hebt sich die Stadt vom geradlinigen Horizont aus Salzsalinen und Sümpfen wie eine Fata Morgana ab. König Ludwig IX. ließ die ehemalige Hafenstadt in dieser gottverlassenen amphibischen Landschaft, in die sich nur armselige Fischer verirrten, erbauen, damit sie ihm als Ausgangspunkt für seine Kreuzzüge ins Heilige Land diente. Mit ihrem geometrischen Grundriss, ihren Festungsmauern, Schießscharten, zahlreichen Türmen und Stadttoren ist die Altstadt ein besonders gut erhaltenes Exemplar einer mittelalterlichen Festung. Im 15. Jh. setzte der Verfall der Stadt ein, der jedoch weder durch die häufig wütenden Pest- und Choleraepidemien noch durch den Hundertjährigen Krieg ausgelöst wurde. Vielmehr trugen die allmähliche Versandung der Fahrrinne zum Meer und die Gründung der Hafenstadt Sète zum Untergang von Aigues-Mortes bei. Über all die Jahrhunderte hinweg hat die Stadt jedoch nichts von ihrem Reiz eingebüßt und erfährt heute - dem Tourismus sei gedankt - einen neuen Aufschwung.

Oben und unten

Alljährlich im August erinnert das Saint-Louis-Fest daran, dass Aigues-Mortes der Ausgangspunkt des 7. Kreuzzugs war.

„Camelles" heißen die Salzberge in den Salins du Midi.

ALÈS

Der Ortsname erinnert unweigerlich an den berühmten Roman *Germinal* von Zola, an Schächte, Schlagwetterexplosionen, Bergehalden und Bergarbeitermisere. All das gehört jedoch der Vergangenheit an. Das Stadtzentrum von Alès hat sich sogar zu einem recht hübschen Fleckchen gemausert, das einige Sehenswürdigkeiten wie die Kathedrale Saint-Jean, das Fort Vauban, das Rathaus und einige wunderschöne Wohnhäuser besitzt. Wer sich heute einen Einblick in die Bergbaugeschichte der Stadt verschaffen möchte, kann das beeindruckende Museum für industrielle Archäologie im Besucherbergwerk (Mine Témoin d'Alès) besichtigen. In den ehemaligen Stollen werden auf 600 m die Bergbaumethoden und Arbeitsbedingungen der Bergarbeiter von einst anschaulich dargestellt.

Rechts

Die Kathedrale Saint-Jean d'Alès

Oben

Die ehemalige Hafenstadt Aigues-Mortes, die durch die Versandung der Küste ins Landesinnere versetzt wurde, wacht heute über eine amphibische Landschaft aus Sümpfen und Salinen.

ANDUZE

Die entzückende Kleinstadt Anduze besticht durch ihre bemerkenswerte Lage, denn der Ort liegt mitten in einer von hohen Felsen eingeschlossen Schlucht. Unweigerlich erliegt der Besucher dem Reiz seiner malerischen Gassen und Plätze, auf denen hier und da Brunnen plätschern. Oder er verirrt sich in den zahlreichen Töpferwerkstätten, in denen noch heute die traditionellen Vasen aus Anduze hergestellt werden. Seine günstige Lage macht Anduze zum idealen Ausgangspunkt für Ausflüge in die Cevennen. 2 km nördlich der Stadt empfiehlt sich ein Besuch im Bambuswald Prafrance. Hier sind auf 10 ha hundertfünfzig Bambusarten zu bewundern, von denen einige über 20 m hoch werden.

Unten
Das Städtchen Anduze machte sich durch seine zweitausendjährige Töpfertradition einen Namen.

Oben
Der Bambuswald von Prafrance

BEAUCAIRE

Beaucaire scheint aus einer Zeit zu stammen, in der Städte für Menschen geschaffen waren: helle Straßen mit schattigen Plätzchen, ruhig gelegene Wohnhäuser, belebte und begrünte Kais und ein Schloss, dessen Ruinen stolz aus einem Meer aus rosafarbenen Dächern hervorragen. Heute ist Beaucaire zwar nicht mehr die steinreiche Stadt des 18. Jh., als der Jahrmarkt, der damals größte Frankreichs, jährlich über 300.000 Personen anzog. Doch der einstige Wohlstand der Stadt ist noch immer an jedem einzelnen Stein abzulesen. Zu den imposantesten Bauwerken von Beaucaire gehören das königliche Schloss mit seinem riesigen, dreieckigen Turm und seiner Schlossmauer aus dem 14. Jh., die Stiftskirche Notre-Dame-des-Pommiers (18. Jh.) und das Rathaus (17. Jh.). Flanieren Sie jedoch zunächst durch die Straßen und über die von wunderschönen Wohnhäusern gesäumten Plätze (u. a. Place Vieille, Place Clemenceau und die Rue de la République), über die Kaistraßen entlang der Rhône und des Kanals, um den friedlichen Charme dieses schönen Ortes zu genießen, der durchaus das Idealbild einer Stadt verkörpern könnte.

Oben

Die Beaucaire-Burg hat trotz der 1632 von Richelieu veranlassten Zerlegung nichts von ihrer rauen Schönheit eingebüßt.

Links

Segelboote lösen heute die Lastkähne an den Kais von Beaucaire ab.

Oben

Kormorane und Flamingos an den Weihern der Camargue, die zu den bedeutendsten Vogelschutzgebieten Europas zählen

DIE CAMARGUE IM DÉPARTEMENT GARD

Unermessliche, geradlinige Weite aus Sümpfen, Reisfeldern und überschwemmten Wiesen, Flamingos im Fluge, Pferde im Galopp und tiefschwarz glänzende Stiere in starrer Bewegungslosigkeit - das ist wohl die passendste Beschreibung der Petite Camargue, die sich im Mündungsdelta der Rhône südlich von Nîmes auf über 20.000 ha zwischen dem Petit Rhône im Osten und dem Sète-Rhône-Kanal im Westen erstreckt. Längs des ehemaligen Küstendamms haben sich vereinzelt provenzalische Bauernhöfe und einige wenige Dörfer angesiedelt wie Vauvert, Montcalm und Gallician. Die Besichtigung der Petite Camargue ist jedoch vor allem wegen ihrer Flora und Fauna von Interesse: Weiher wie beispielsweise Scamandre, Charnier und Grey, Sümpfe, darunter der riesige Souteyranne-Sumpf, Sumpfseen, Reisfelder und Salinen zeichnen das eindrucksvolle Landschaftsbild der Camargue.

Die wenigen Wanderwege, vielen Stiere, der Treibsand und die zahlreichen von Stacheldraht eingezäunten Privatgrundstücke machen ausgiebige Wanderungen durch die Petite Camargue so gut wie unmöglich. Wer diesen Landstrich weiter erforschen möchte, sollte mit einem Paddelboot über die Seen ziehen oder an Bord eines Hausboots den Sète-Rhône-Kanal abfahren. Weitere Alternativen zur Erkundung der hiesigen Flora und Fauna sind Wanderungen durch das 220 ha große Naturschutzgebiet „Centre de découverte de Scamandre“ oder geführte Ausflüge zu Fuß, mit dem Pferd oder Geländewagen. Auskünfte erteilen die Fremdenverkehrsvereine von Aigues-Mortes, Grau-du-Roi und Vauvert.

Die Perrier-Quelle

Eine faszinierende Etappe für Liebhaber des Industrietourismus verspricht die in 7 km Entfernung von Vauvert liegende Mineralwasserfabrik Perrier nahe Vergèze. Auf einer kommentierten Betriebsbesichtigung können Sie die Entstehungsgeschichte des famosen Sprudelwassers von der Bouillens-Quelle bis in die grüne Flasche verfolgen. ■

Le Grau-du-Roi

Der Name dieses kleinen Fischereihafens an der Küste der Petite Camargue leitet sich aus dem okzitanischen Wort „grau" ab, das eine Fahrrinne zwischen einem Strandsee und dem Meer bezeichnet. Die Kais dieses alten, malerischen Dorfs werden von unzähligen Fischkuttern in Beschlag genommen. Doch Grau-du-Roi ist insbesondere bekannt für seinen Nachbarhafen Port-Camargue mit seiner riesigen Marina, die mit nahezu 4.500 Liegeplätzen den größten Jachthafen Europas bildet. ■

Oben

Das Schloss an der Perrier-Quelle

Rechts

Kuhreiher und Camargue-Pferde

Unten

Rückkehr der Fischer in Grau-du-Roi

NÎMES

Nîmes ist eine dieser dynamischen und doch geruhsamen Städte, in denen es sich gut leben lässt. Schattige Gassen, Parkanlagen, Kaistraßen und mit Sonnenschirmen geschmückte Plätze laden zu einem gemütlichen Bummel ein. Das antike *Nemausus* an der Via Domitia, einer für vornehmlich wirtschaftliche Zwecke erbauten Römerstraße zwischen Italien und Spanien, zählte zu den schönsten und gepflegtesten Städten des römischen Galliens. Im Mittelalter sah sich Nîmes wechselnden Epochen des Wohlstands und Verfalls ausgesetzt, bevor sich der Ort im 16. Jh. zu einer Hochburg des Protestantismus entwickelte. Im 18. Jh., als die protestantische Bourgeoisie durch Bankgeschäfte und florierende Textilindustrie an Geltung und Wohlstand gewann, avancierte Nîmes zum „Rom Frankreichs“, dessen intellektueller und künstlerischer Einfluss weit über die Grenzen des Languedoc hinaus reichte. In Anbetracht seiner glorreichen Vergangenheit hätte Nîmes sich durchaus mit der vorhandenen geschichtsträchtigen Bausubstanz begnügen und sich ausschließlich auf eine konservatorische Rolle beschränken können. Doch die Stadt beauftragte namhafte Architekten und zeitgenössische Designer mit dem Bau moderner Projekte, die zwar bisweilen zu Polemik führen, in jedem Falle aber Interesse wecken. So verschmelzen heute in Nîmes gut erhaltene antike, mittelalterliche und klassizistische Bauwerke mit moderner Architektur. Zudem gelang es Nîmes, endgültig das ihm seit langem anhaftende Dornröschen-Image abzulegen und sich von einer ganz anderen Seite zu zeigen. So veranstaltet Nîmes dreimal im Jahr Stierkämpfe, die Feria d'Hiver im Februar, die Feria de Pentecôte an Pfingsten und die Feria des Vendanges am dritten Wochenende im September, die Menschen aus ganz Frankreich in Scharen anlocken.

Oben
Der Brunnen von Martial Raysse (Detailansicht)

Unten
Die Stadt Nîmes hält an ihrer Stierkampftradition fest, wie die Menschenmassen bezeugen, die anlässlich der Feria in die Arenen strömen.

Unten

Das im 5. Jh. errichtete Maison Carrée ist einer der besterhaltenen Römertempel überhaupt.

Oben

Der Magne-Turm befand sich vormals innerhalb der befestigten Stadt.

Es wäre müßig, hier alle Sehenswürdigkeiten der Stadt aufzählen zu wollen. Wichtigste Zeugen aus der Römerzeit sind das dem Kolosseum in Rom nachempfundene und gleichzeitig besterhaltene Amphitheater der Welt sowie das Maison Carrée, ein den Enkeln des Augustus Gaius und Lucius Caesar gewidmeter Tempel. Weitere römische Bauwerke sind das Stadttor Porte d'Auguste und das Castellum, ein Überrest des Aquädukts über den Pont du Gard.

Aus dem Mittelalter stammen der Magne-Turm, ein Überbleibsel der ehemaligen Festungsmauer, sowie ein romanischer Relieffries, der die Fassade der Kathedrale Notre-Dame-et-Saint-Castor ziert. Die historische Altstadt (Place du Marché, Place aux Herbes, Place des Esclafidous, Rue de l'Aspic, Rue Dorée, Rue Fresque, Rue du Chapitre) schmücken zahlreiche Wohnhäuser aus der Renaissance und dem Klassizismus. Die erste öffentliche Gartenanlage Frankreichs, die Jardins de la Fontaine, wurde ganz im Zeitgeist der Aufklärung angelegt. Liebhaber moderner Architektur kommen, wie bereits erwähnt, in Nîmes auf ihre Kosten. Mit dem Carré d'Art von Norman Foster, den Sozialbauten von Jean Nouvel, den Bushaltestellen von Philippe Starck, dem von Martial Raysse neu gestalteten Assas-Platz, dem Museum der Schönen Künste, dem Rathaus und den von Jean-Michel Wilmotte umgestalteten Markthallen zeigt sich Nîmes von seiner zeitgenössischen Seite.

Die Feria von Nîmes

Anlässlich der ausgesprochen beliebten Pfingst-Feria von Nîmes, der größten Feria Frankreichs, drängen jährlich nahezu 1 Mio. Besucher aus ganz Europa in die Stadt. Auch wenn die Feria im Zeichen des Stierkampfs steht, den Nîmes mit den spanischen Corrida-Hochburgen Sevilla und Toledo konkurrieren lässt, steht sie nicht nur bei Stierkampf-Liebhabern hoch im Kurs. In ausgelassener Feststimmung vibriert der ganze Ort drei Tage und Nächte hindurch im Rhythmus des Flamencos und Salsas, während in den Bodegas Pastis und Wein, darunter der Costière de Nîmes, in Strömen fließen und Tapenade-Spezialitäten und Tapas großen Anklang finden. Somit zählt dieses stimmungsfrohe, gigantische, gleichermaßen religiöse und heidnische Fest zu den authentischsten Volksfesten Frankreichs. ■

Linke Seite oben

„A brivado“ - Pferd und Stier sind und bleiben eine wahre Leidenschaft der Camargue.

Linke Seite unten

Im Carré d'Art gibt es eine Mediathek und ein Museum für zeitgenössische Kunst. Die La Fontaine-Parkanlage entstand im 18. Jh. dort, wo sich einst die gallisch-römische Stadt befand.

Rechts

Wenn Feria gefeiert wird, verwandelt sich Nîmes in die spanischste Stadt Frankreichs.

PONT-SAINT-ESPRIT

Lange Zeit galt der breite, mächtige und stürmische Rhône-Fluss als schwer zu überwindendes Hindernis. So gab es nur einige wenige Stellen, an denen die Händler der Antike und des Mittelalters ihre Waren unbeschadet und ohne Verluste ans andere Ufer übersetzen konnten, und noch weniger Brücken. Mitte des 10. Jh. gründete die Abtei von Cluny ein Benediktinerkloster bei Saint-Saturnin-du-Port, einem an einem stark frequentierten Flussübergang gelegenen Fischerdörfchen. Die Initiative für den Bau der Brücke, der der Ort seinen Namen verdankt, geht auf die Prioren des Klosters zurück. Ganze sechsundvierzig Jahre (1265-1309) dauerten die Arbeiten an dem unter ihrer Aufsicht nach antiken Techniken errichteten überwältigenden Bauwerk von 919 m Länge, das bis zur Französischen Revolution vom Orden des Hl. Geistes instand gehalten und über eine „Petit Blanc" genannte Salzsteuer finanziert wurde. Der gleiche Orden ließ vor Ort auch eine Kapelle und zwei Krankenhäuser errichten - eins für Waisenkinder und eins für kranke Pilger. Der Stadt gereichte die auf dem Weg nach Santiago de Compostela liegende Brücke, die den Warentransport zwischen der Provence und dem Languedoc auf sich konzentrierte, zum Reichtum, wie die üppige historische Bausubstanz zeigt: Stadtpalais aus dem 18. Jh., Springbrunnen, Kirche Saint-Saturnin (14.-15. Jh.), Kapelle der „Blauen Büßer" (17. Jh.), Kapelle Mariä Heimsuchung (18. Jh.), Priorat Saint-Pierre, Zitadelle und Stiftskirche bilden einen erstaunlich einheitlichen Komplex aus Sakral- und Wehrbauten gotischer bis klassischer Stilrichtung. Und die Brücke selbst überspannt mit ihren insgesamt fünfundzwanzig Bögen seit nunmehr sieben Jahrhunderten auf eindrucksvolle Weise den Fluss.

Linke Seite

Der Luynes-Kai am rechten Rhône-Ufer

Unten

Die Kirchen Saint-Pierre links und Saint-Saturnin rechts mit Doppeltreppe in der Mitte

PONT DU GARD

In Zahlen ausgedrückt ist der Pont du Gard mit seinen 3 Etagen, 64 Bögen, einer Länge von 275 m und einer Höhe von 48 m ein aus 21.000 m^3 Quadersteinen (wovon einzelne bis zu 6 t wiegen) und ohne Mörtel zusammengesetztes Bauwerk mit einem Gesamtgewicht von über 50.000 t. Er ist wohl das spektakulärste Rudiment eines insgesamt 50 km langen römischen Aquädukts, der die Stadt Nîmes mit Trinkwasser versorgte. Pro Sekunde flossen in der Rinne oben auf dem Pont du Gard 400 l Wasser in die römische Hauptstadt, was eine technische Meisterleistung darstellt, da das Gefälle zwischen der Quelle und Nîmes gerade mal 34 cm pro Kilometer beträgt. Die Erbauung des zum Überqueren des Gardon erforderlichen Aquädukts wurde in der Mitte des 1. Jh. v. Chr. begonnen und dauerte trotz seiner kolossalen Ausmaße nur fünf Jahre. Trotz der Vernachlässigung des Pont du Gard nach dem Untergang des Römischen Reiches wurde er bis ins

Rechts

Der Uhrenturm in Vers-Pont-du-Gard

Unten

Der Pont du Gard: für viele das „achte Weltwunder"

11. Jh., also mehr als tausend Jahre hindurch genutzt. Im Mittelalter wurde er zur Brücke umfunktioniert, die bis ins 19. Jh. für Fuhrwerke geöffnet war. Noch bis vor kurzem herrschte um den Pont du Gard ein anarchistisches Durcheinander aus Parkplätzen und Verkaufsbuden – eine regelrechte Schande für ein derartiges Meisterwerk der Baukunst, das immerhin nahezu 2 Millionen Besucher zählt. Seit 2000 wurde die Stätte endlich rehabilitiert. In unauffälligen Gebäuden wurden ein Multimediamuseum, eine Cafeteria und verschiedene Läden untergebracht, in einer gewissen Entfernung wurden Parkplätze und Entdeckungspfade angelegt. An Sommerabenden finden am Pont du Gard von James Turrell inszenierte Lichtshows statt, die das 8. Weltwunder märchenhaft in Szene setzen.

In der Umgebung des Pont du Gard liegen einige der schönsten Dörfer des Départements: Vers-Pont-du-Gard mit seinen reizenden Gassen, bepflanzten Plätzen und bemerkenswerten alten Waschhäusern, Castillon-du-Gard mit seinen mittelalterlichen Häusern und der romanischen Kapelle Saint-Caprais sowie Saint-Hilaire-d'Ozilhan mit seiner Kapelle Saint-Etienne (11. Jh.).

Oben

Gepflasterte Straße und mittelalterliche Häuser in Castillon-du-Gard

Rechts

Unversehrter Reiz des Ortes La Roque-sur-Cèze mit seinen den Hügel erklimmenden Häusern

SAINT-GILLES

Beim Anblick dieses ruhigen Städtchens braucht es schon viel Fantasie, um sich zu überzeugen, dass dieser Ort im Mittelalter ein Verschiffungshafen für Kreuzritter ins Heilige Land, eine der meistbesuchten Pilgerstätten Europas und eine wichtige Anlaufstelle auf dem Weg nach Santiago de Compostela war. Aus dieser glorreichen Zeit sind in Saint-Gilles einige Zeugen erhalten geblieben, so z. B. die Altstadt mit ihren wunderschönen Wohnhäusern aus der Romanik und Renaissance (u. a. das „Maison romane", das Geburtshaus von Papst Clement IV.) und die Abteikirche Saint-Gilles aus dem 12. Jh. Ihre klaren Linien, ihre herrlich mit romanischen Skulpturen verzierte Fassade und die außergewöhnliche Wendeltreppe von Saint-Gilles machen die Abteikirche zu einem Prachtexemplar sakraler Baukunst des Languedoc.

Oben

Die bezaubernd schlichte Fassade der Abteikirche Saint-Gilles

SAINT-ROMAN

Es gibt zwei gute Gründe, in Saint-Roman Halt zu machen. Zum einen befindet sich hier das einzige, in einer Höhle errichtete Kloster Europas (5. Jh.). Zum anderen bietet dessen hoch gelegene Nekropole einen fantastischen Ausblick über das Rhône-Tal.

Links

Das Abteigebäude wurde - europaweit einmalig - im 5. Jh. in den Felsen gebaut und umfasst Zellen, Gemeinschaftsräume wie Refektorium und Kapitelsaal sowie eine Kapelle. In unmittelbarer Nähe entstand ein Gräberfeld.

SOMMIÈRES

„Ich muss gestehen, nie etwas Schöneres gesehen zu haben als Sommières.“ Lawrence Durrell's Lobeshymne auf die Stadt, in der er seinen Lebensabend verbrachte, muss man einfach zustimmen. Die Hügel und Weinberge, mittelalterlichen Schlossruinen, gepflasterten Gassen, kleinen Plätze mit Arkaden und die hinter schmalen Fassaden verborgenen, prachtvollen Wohnhäuser erinnern an die Toskana. Zu diesem malerischen Landschaftsbild gesellen sich Pétanque-Spieler im Schatten der Platanen und Kartenspieler im Halbdunkel der Cafés. „Sommières ist ausgesprochen amüsant. Überall ist der Geist von Fernandel und Raimu zu spüren“, fügte Lawrence Durrell hinzu. Schlendern Sie durch die Rue de la Taillade, die Rue Bombe-Cul und über den Vidourle-Kai, machen Sie Halt vor dem Wach- und Uhrenturm, bestaunen Sie die 2000 Jahre alte und erstaunlich gut erhaltene Römerbrücke und gönnen Sie sich unter den Schatten spendenden Arkaden auf dem Place des Docteurs-Dax oder dem Place Jean-Jaurès etwas Ruhe, bevor Sie über den steilen Régordanes-Weg das Schloss erklimmen. Die Mühe lohnt, denn von hier bietet sich ein wunderbarer Ausblick auf die Dächer der Stadt, die Cevennen und die Bergspitze Saint-Loup.

Oben

Das im 10. Jh. errichtete und in der Renaissance restaurierte Schloss Villevieille war eine Residenz Ludwigs IX. und später Ludwigs XIII. Mirabeau soll es während der Revolution vor der Zerstörung bewahrt haben.

Rechts

Die Kais von Vidourle und der an der Stelle eines gallischen Oppidums errichtete Bergfried von Sommières. Zur Römerzeit war die Stadt militärischer und wirtschaftlicher Knotenpunkt.

UZÈS

Schon von weitem lassen die stolzen, herausfordernden Türme von Uzès vermuten, dass hier eine außergewöhnliche Stadt liegt. Dabei kann bei gerade mal 8.000 Einwohnern wohl kaum die Rede von einer Stadt, sondern vielmehr von einem Marktflecken sein. Der Ort wurde weit vor unserer Zeit, wahrscheinlich um das 6. Jh. v. Chr. von Griechen gegründet, entwickelte sich später zu einem *Castrum Romanum* und wurde 419 zum Bistum und 1565 zum Herzogtum erhoben. Damit hat Uzès geschichtlich weit mehr vorzuweisen als die meisten französischen Städte. Zwischen dem 16. und 18. Jh. gelangte der Ort insbesondere durch die florierende Tuchindustrie zu anhaltendem Wohlstand, der in Verfall und völligem Ruin enden sollte. Als zu Beginn der 60er Jahre das kleine Städtchen zwischen Nîmes und Avignon fast in Vergessenheit geraten war, verhalf der damalige Minister André Malraux Uzès zu neuem Aufschwung. Dank umfangreicher Restaurierungsarbeiten fand das vormals „erste Herzogtum Frankreichs“ zu seinem ehemaligen Glanz zurück.

Oben

Der Fenestrelle-Rundturm und ein Haus an der Place aux Herbes: Das architektonische Erbe von Uzès ist von außergewöhnlicher Vielfalt.

Der Sitz des Herzogtums, regelrechtes Kleinod von Uzès, setzt sich aus dem herzoglichen Schloss mit Renaissance-Fassade, einer gotischen Kapelle aus dem 15. Jh., dem Bermonde-Turm und einem Bergfried aus dem 11. Jh. zusammen. Er befindet sich seit zehn Jahrhunderten im Privatbesitz der Familie Crussol d'Uzès. Zu den weiteren Sehenswürdigkeiten von Uzès zählt der 42 m hohe Fenestrelle-Rundturm mit Fenster, ein freistehender Kampanile, der zu den Meisterwerken romanischer Baukunst gerechnet werden kann. Daneben befinden sich die bischöfliche Residenz (18. Jh.) und die Kathedrale Saint-Théodorit mit einer enttäuschenden Fassade aus dem 19. Jh. Innen jedoch ist sie mit einer sehr schönen Orgel aus dem 17. Jh. ausgestattet, die ein schön bemaltes Orgelgehäuse schmückt. In der Altstadt, die man unbedingt zu Fuß erkunden sollte, stehen zahlreiche alte Wohnhäuser und prunkvolle Patrizierhäuser zur Schau, darunter der Wohnsitz des Baron de Castille nahe der Kathedrale. Am Place aux Herbes sind schöne mittelalterliche Häuser zu sehen, die im 17. Jh. neu herausgeputzt und kürzlich herrlich restauriert wurden. Sehr sehenswert ist ebenfalls die romantische Promenade des Marronniers mit ihrem Racine-Pavillon, der an den langen Aufenthalt des französischen Dichters Jean Racine in Uzès erinnert.

Rechts

Jeden vierten Juli-Donnerstag wird auf dem Place aux Herbes von Uzès Knoblauchmarkt gehalten.

DAS KARTÄUSERKLOSTER VALBONNE

Gegründet wurde das in einem wunderschönen Wald gelegene alte Kloster im Jahre 1204 von Guilhem de Vénéjean, Bischof von Uzès. Nach schweren Schäden aus der Zeit der Religionskriege wurde es im 17. Jh. wieder aufgebaut, verfiel jedoch nach der Französischen Revolution. Im 19. Jh. nahmen sich Kartäusermönche seiner erneuten Restaurierung an, verließen den Ort jedoch 1901. Fünfundzwanzig Jahre später wurde das ehemalige Kloster zum Pflegezentrum für tropische Krankheiten umfunktioniert und ist heute mit Hotel, Sitzungsräumen, renommiertem Weingut und Arbeitshilfswerk Veranstaltungsort, soziale Einrichtung und Touristenattraktion zugleich. Die Dachdeckung der Konventsgebäude erinnert mit ihren zum Fischgrätmuster angeordneten, farbig glänzenden Dachziegeln interessanterweise an die Architektur des Burgunds. Die befestigte Kirche (17.-18. Jh.) mit ihrem wunderschönen Gewölbe und dem Intarsien-Chorgestühl aus dem 19. Jh. bildet im Zusammenspiel mit dem originalgetreu wiederhergestellten Kreuzgang ein außergewöhnlich harmonisches Ganzes.

Unten

Das lange Zeit verlassene Kartäuserkloster zwischen Weinbergen und Wald wird heute wieder benutzt.

VILLENEUVE-LÈS-AVIGNON

Die mächtige Papststadt genau am anderen Rhône-Ufer hätte Villeneuve-lès-Avignon völlig in den Hintergrund drängen können. Aber Villeneuve ist keinesfalls ein einfacher Vorort von Avignon sondern vielmehr eine Stadt für sich. Ihre wunderschönen Bauwerke und ebenso spannende Geschichte lassen die Stadt aus dem Schatten ihrer berühmten Rivalin treten. Das Gebiet jenseits des Flusses gehörte lange Zeit dem Kaiserreich an, bevor es in päpstlichen Besitz überging. Villeneuve auf der westlichen Rhône-Seite blieb jedoch während des ganzen Mittelalters hindurch strategischer Standort der französischen Könige, die mit dieser Festung ihre königliche Macht gegenüber dem Heiligen Stuhl behaupteten. Dennoch wählten sowohl zahlreiche Kardinäle als auch Papst Innozenz VI. Villeneuve zu ihrem Wohnsitz. Besonders sehenswert sind Fort Saint-André, dessen zinnenbesetzte Festungsmauer den Ort wie eine Akropolis umschließt, das mitten in der Altstadt gelegene Kartäuserkloster Val de Bénédiction (14. Jh.), der Turm Philippe-le-Bel, ein 1307 erbauter Bergfried zur Überwachung der Saint-Bénézet-Brücke, der berühmt-besungenen Brücke von Avignon, die Stiftskirche Notre-Dame (14. Jh.) und schließlich das Museum Pierre-de-Luxembourg, das in einem im 14. Jh. erbauten und im 17. Jh. erneuerten Palast untergebracht ist und einige Meisterwerke mittelalterlicher Malerei und Bildhauerei ausstellt.

Rechts

Der Turm Philippe-le-Bel (oben) und die Dächer der um die Stiftskirche Notre-Dame herum gebauten Altstadt (unten)

Das Département Hérault

Angesichts der landschaftlichen Mannigfaltigkeit dieser Region liegt der Verdacht nahe, dass Bevorzugung im Spiel war, als die verfassungsgebende Gewalt die Grenzen des Départements Hérault so zog, als wolle sie sämtliche Schätze Südfrankreichs darin einschließen:

Linke Seite

Unberührte Natur: die Karstlandschaft Cirque de Mourèze

die prächtigen Ausläufer des Zentralmassivs in ihrer ursprünglichen, rauen Schönheit, die mal abrupt, mal sacht ansteigenden Anhöhen der Region Minervois, die mit Weinstöcken und Obstbäumen reich bestückten weitläufigen Ebenen des Languedoc, bezaubernden Lagunen und Sandstrände des Mittelmeers. Ergänzt wird diese Pracht durch herrliche Städte, eine schöner und verschiedenartiger als die andere. Darunter Montpellier, brodelnde Kulturstadt, Béziers, eine Stadt von fast ländlicher Bescheidenheit, Sète, das einem Schiff kurz vor dem Auslaufen gleicht. Welch kontrastreiches Landschaftsbild! Auf kein anderes Département trifft diese - bewusst klischeehafte - Beschreibung besser zu als auf das Hérault.

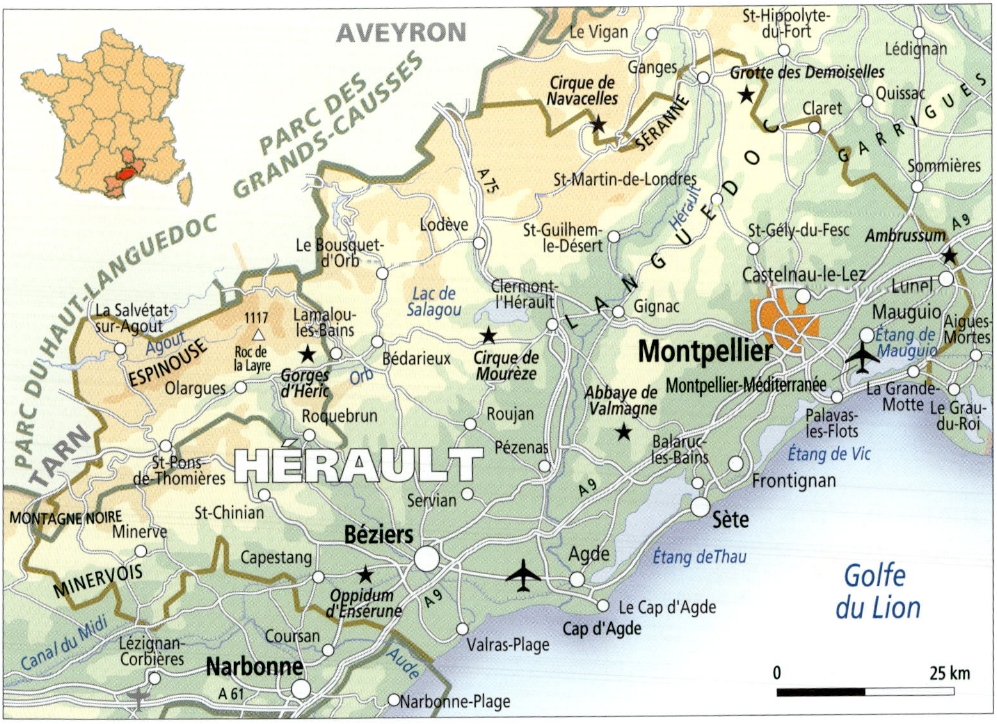

AGDE

Als die phokäischen Griechen diese Stadt vor etwa 2.500 Jahren gründeten, tauften sie sie Agathê, die Schöne. Sie wurde zunächst von den Westgoten und dann von den Arabern erobert und schließlich von Charles Martel zerstört, um dem Vormarsch der Moslems Einhalt zu gebieten. Nachdem sie sich einige Zeit in der Hand der Vicomte-Familie Tranceval von Carcassonne befand, ging sie im ausgehenden 12. Jh. in Bischofsbesitz über. Bevor Agde durch Küstenversatz ins Landesinnere verdrängt wurde, zählte es zu den florierendsten Hafenstädten des westlichen Mittelmeerraums. Mit der Erbauung der Stadt Aigues-Mortes durch König Ludwig IX. und durch die Gründung der Hafenstadt Sète unter Ludwig XIV. verlor die Stadt jedoch trotz ihrer günstigen Lage am Canal du Midi mehr und mehr an Bedeutung. An diesem von Riquet geschaffenen Kanal kann man eine Rundschleuse, eines der Meisterwerke des Ingenieurs, bewundern. Noch heute scheint die in aschfarbenes Gestein gehauene „schwarze Perle des Languedoc“ in ihrem Trauerkleid untröstlich über den Verlust ihrer glorreichen Blütezeit. Wie eine bedrohliche Masse erhebt sich die Kathedrale Saint-Etienne, die mit ihrem bergfriedartigen Glockenturm und ihren dicken Mauern und Pechnasen eher einer Festung als einem sakralen Bauwerk gleicht. Auch das Rathaus und die alten Stadthäuser, die die Straßen und Plätze der Altstadt säumen, sind in dunklem Basalt gehalten. Aber die herrliche Mittelmeersonne taucht die Fassaden und Giebel bis in die abgelegensten Ecken in gleißendes Licht. Darüber hinaus tragen die malerischen Gässchen, belebten Kais und der Hérault, in dem die bizarren Spiegelungen der anliegenden Häuser zu sehen sind, zum unwiderstehlichen Reiz dieses Ortes bei.

Oben

„Schwarze Perle des Languedoc“: Ihrem Namen zum Trotz leuchtet die Stadt an den Ufern des Hérault in warmen Rot - und Goldtömen

Links

Die Kathedrale Saint-Étienne: eine Hochburg des christlichen Glaubens

Oben

Der Richelieu-Strand am Cap-d'Agde und die Insel Brescou mit Fort Vauban.

Rechts

Der Strand La Grande Conque am Cap d'Agde.

Cap-d'Agde

Herrliche Klippen, Strände aus dunklem Ergussgestein, ein kolossales modernes Seebad und die erste FKK-Anlage Europas. Das vor Cap-d'Agde gelegene Vulkaninselchen besitzt ein interessantes Fort aus dem 16. Jh., das im 17. Jh. von Vauban umgestaltet und lange Zeit als Staatsgefängnis genutzt wurde. ■

Ephebe von Agde

Diese 1964 aus dem Flussbett des Hérault geborgene hellenistische Bronzestatue (2. Jh. v. Chr.) ist ein beeindruckender Zeuge der griechischen Ursprünge der Stadt. Sie ist im Museum des „Éphèbe" von Cap-d'Agde ausgestellt. ■

AMBRUSSUM

Das 4 km nördlich von Lunel gelegene einstige Oppidum, das im 4. Jh. v. Chr. befestigt wurde, erhebt sich auf einer vermutlich seit der Jungsteinzeit ständig besiedelten Anhöhe. Etwa ab Ende des ersten vorchristlichen Jahrhunderts entwickelte Ambrussum sich im Vorfeld der „Pax Romana" zunehmend von der Festungsstadt zu einer der zahlreichen Durchgangsetappen auf der 500 km langen Via Domitia (s. S. 92). Die bis heute erhaltenen Ruinen zeugen von der etwa 5.000-jährigen bedeutenden Geschichte des Ortes, die umso erstaunlicher ist, als Ambrussum zu keiner Zeit mehr als ein bescheidenes Örtchen des römischen Reiches war. Sein zweifellos eindrucksvollstes Bauwerk ist die über den Vidourle führende Ambroix-Brücke an der Via Domitia. Von der einst an die einhundert Meter langen Konstruktion ist heute nur noch einer der ursprünglich elf Bögen erhalten. Dieser Verfall ist das Werk der Bewohner der Region, die die Brücke im späten Mittelalter nach und nach zerlegten, und das der starken Hochwasser, denen mehrere Bögen - der vorletzte 1933 - zum Opfer fielen. An der auf einer Länge von rund 200 m erhaltenen Straße lagen einst die Bauwerke der Unterstadt: Gasthöfe, ein Hof für Pferde und Wagen, eine Badeanstalt, eine Schmiede für Reparaturarbeiten an den Gespannen sowie ein Tempel. Mit anderen Worten, das was man heute auf einer Autobahn-Raststätte vorfindet, sprich Motel, Parkplatz, Toilette, Kfz-Werkstatt und ökumenische Kapelle. An der Stelle des antiken Oppidum, der Oberstadt, ist bis heute der Verlauf des schachbrettartigen Straßennetzes zu erkennen. Die hier angesiedelten Häuser waren mit teilweise über 400 m² Wohnfläche so groß, dass darin nicht nur die Eigentümer, sondern auch zahlreiche Sklaven Platz fanden. Auf einem gepflasterten Platz stand damals ein großes öffentliches Gebäude, über dessen Funktion sich die Archäologen bis heute den Kopf zerbrechen. Der rund um die Stadt gebaute Schutzwall ist mit seinen sechsundzwanzig bis heute erhaltenen Türmen und einer Länge von 635 m das augenscheinlichste Überbleibsel der Hügelstadt.

Linke Seite

Deutliche Verschleißspuren zeigen die 2.000 Jahre alten Pflastersteine der Via Domitia am Fuße des einstigen Oppidums.

Unten

Nur ein einziger Bogen der Saint-Arnoux-Brücke hat die Vidourle-Hochwasser überlebt.

BÉZIERS

Die Stadt Béziers besitzt ohne Zweifel nicht die lebhafte Aura von Montpellier und nicht denselben Zauber wie Carcassonne. Sie ist jedoch so schön, dass der Aufenthalt in diesem Ort immer wieder wahre Freude bereitet. Die Brückenpfeiler des Pont Vieux, die sich im Orb widerspiegeln, und die imposante Silhouette der Kathedrale, welche die Akropolis hoch überragt, strahlen ein gewisses friedliches Ambiente aus. Dieses friedvolle Bild sollte allerdings nicht darüber hinwegtäuschen, dass die Einwohner der Stadt ganz nach mittelländischer Manier eine große Leidenschaft für Rugby, Stierkämpfe und den Wein hegen. Die Geschichte von Béziers ist von stürmischen und oftmals blutigen Ereignissen geprägt. So kam es beispielsweise anlässlich des Kreuzzugs gegen die Albigenser, die sich der Auslieferung der Katharer widersetzten, zu einem schrecklichen Massaker. Angefacht wurde das Blutbad durch den Aufruf des um christliche Nächstenliebe wenig besorgten päpstlichen Legaten:

Oben

Blick vom Kreuzgang auf die Kathedrale Saint-Nazaire

Links

Béziers bindet eine jahrhundertealte Liebesgeschichte an den Stierkampf.

Unten

Das Jean-Moulin-Denkmal am Plateau des Poètes

„Tötet sie alle! Gott wird die Seinen erkennen". Belagerungen, Plünderungen und Stadtbränden zum Trotz konnte Béziers zahlreiche Bauwerke von unschätzbarem Wert erhalten. Ein Spaziergang durch die Altstadt führt an unzähligen Sehenswürdigkeiten vorbei: schöne Patrizierhäuser wie beispielsweise in der Rue du 4-Septembre oder der Rue Mairan, die herrlich restaurierten Baltard-Markthallen, die gotische Kapelle Pénitents-Bleus und die zwei romanischen Kirchen Saint-Jacques und La Madeleine, in welcher im Jahre 1209 Tausende von Frauen, Kindern und Greisen, die hier vor dem Gemetzel Zuflucht suchten, abgeschlachtet wurden. Überragt werden die Stadt und das Flusstal des Orb von der Kathedrale Saint-Nazaire, die zwischen dem 12. und 15. Jh. an Ort und Stelle der während der Kreuzzugplünderungen abgebrannten Kirche errichtet wurde. Über einen erstaunlich schlicht gestalteten, gotischen Kreuzgang gelangt man in den malerischen Garten der Bischöfe. Von hier bietet sich ein umwerfender Ausblick auf die Dächer der Stadt, den Pont Vieux (12. Jh.) und den Lauf des Orb. Außerhalb der Altstadtviertel ist der Besuch der Basilika Saint-Aphrodise (Kirchenschiff aus dem 10. Jh., Chor aus dem 14. Jh.) und des romantischen Jardin du plateau des Poètes unumgänglich. Sehenswert ist ebenfalls die Schleusentreppe von Fonsérannes, eines der erstaunlichsten Meisterwerke längs des Canal du Midi. Und nach heimischer Sitte sollte man den Tag in einem der Straßencafés in den Pierre-Paul Riquet-Alleen beenden, diesen lang gezogenen, von Platanen beschatteten Promenaden, auf welchen sich das eigentliche Leben der Stadt abspielt.

Oben

In der Altstadt beherrschen der Orb, der Pont Vieux und die Kathedrale Saint-Nazaire das Bild.

Wiederauferstehung eines Weinbaugebiets

Die Stadt Béziers und der Wein haben eine lange gemeinsame Geschichte, die vor über 2.500 Jahren mit der Einführung der Weinrebe durch die Griechen begann und im 19. Jh. ihr goldenes Zeitalter erlebte, als der Ausbau des Schienennetzes den europaweiten Vertrieb der heimischen Produktion jenseits der Landesgrenzen, von Italien bis zum Baltikum, ermöglichte. Während Händler und Weingutbesitzer so ein Vermögen verdienten und sich prunkvolle Winzerschlösser – „Châteaux pinardiers“ genannt - bauen ließen, schmückte sich die Stadt Béziers mit Stadtpalais, Parks und prächtigen Bauwerken. Doch dann kamen Reblausplage und skrupellose Geschäftemacher, die den Wein verpanschten. Die Konkurrenz aus Algerien tat schließlich das Ihre, um den Languedoc-Wein in eine tiefe Krise zu stürzen, die das gesamte 20. Jh. lang anhalten sollte. Seit etwa 30 Jahren jedoch bemühen sich die heimischen Weinbauern, mit drastischen Maßnahmen wie dem Herausreißen von Reben sowie durch gezielte Rebsortenauswahl und optimierte Weinherstellung den - von wenigen Ausnahmen abgesehen - angeschlagenen Ruf ihrer Weine wiederherzustellen. Mit Erfolg: Nach Einschätzung von Fachleuten können einige der ursprungsgeschützten Sorten wie Corbières, Fitou und Minervois sich heute mit den besten französischen Weinen messen. ■

Oben

Béziers mit seinen „Ramblas“ am nördlichen Ende der Paul-Riquet-Alleen. Die Fassade des italienisch inspirierten Theaters ist ein Werk des Bildhauers David von Angers.

Rechte Seite

La Gayonne heißt eines jener Winzerschlösser, die begüterte Weinhändler im 19. Jh. bauen ließen. Heute ist hier die Musikhochschule der Stadt Béziers untergebracht.

CLERMONT-L'HÉRAULT

Diese sehr alte Stadt wurde etwa im 7. Jh. v. Chr. von den Phokäern am Fuße eines Gebirges gegründet. Ihren Wohlstand verdankt sie dem Wein- und Olivenanbau. Überreste der Burg und des Stadtwalls mit seinen sieben noch stehenden Türmen erinnern daran, dass Clermont-l'Hérault im Mittelalter eine bedeutende Festung war. Mittelalterliche Reize bietet die Altstadt mit ihren steilen Gässchen, Stufenaufgängen und mehrere Jahrhunderte alten Häusern und Bauwerken, darunter die Stiftskirche Saint-Paul (12. - 14. Jh.), die zu den schönsten gotischen Bauwerken der Region zählt.

Oben

Ernte der Feinschmecker-Oliven „Lucques"

Unten

Burg Clermont-l'Hérault: ein Prachtexemplar mittelalterlicher Militärarchitektur

Das Umland von Clermont-l'Hérault

In Villeneuvette (in 3 km Entfernung von Clermont) ist die um 1670 gegründete königliche Manufaktur zu sehen, deren Entwicklung den Bemühungen von Colbert zu verdanken ist. Die Besichtigung der perfekt restaurierten Gebäude, in denen noch bis 1954 Wollstoffe hergestellt wurden, liefert über einen Zeitraum von drei Jahrhunderten Einblicke in das Leben der Weber und Arbeiter.

Im Cirque de Mourèze nahe dem gleichnamigen malerischen Dorf (in 8 km Entfernung von Clermont) erstreckt sich auf 300 ha ein Felsenmeer, durch das ausgeschilderte Wanderwege führen. Dieses beeindruckende Naturschauspiel sollte man keinesfalls auslassen.

Der künstliche See von Salagou (in 5 km Entfernung von Clermont) wurde in einem ehemaligen Krater angelegt. Seine Ufer aus rotem Sandstein bilden einen außergewöhnlichen Rahmen von befremdender Schönheit. ■

Unten rechts

Das Oppidum von Ensérune und der trocken gelegte Weiher Montady

ENSÉRUNE

Die Region Languedoc besitzt mehrere Oppida, befestigte Städte aus vorrömischer und gallisch-römischer Zeit, die der Bevölkerung mehrere Jahrhunderte hindurch Zuflucht boten. Das auf einem Gebirgsvorsprung errichtete Oppidum Ensérune, das in 100 m Höhe die Ebene von Béziers überragt, ist zweifelsohne das bemerkenswerteste. Ausgrabungen brachten gut erhaltene Funde zutage: Befestigungsanlagen, Speicher, Grundmauern von Häusern, Töpferwaren und Münzen. Sie bezeugen die Präsenz zahlreicher Zivilisationen, darunter Iberer, Griechen, Gallier und Römer, die sich hier im Laufe von sieben bis acht Jahrhunderten abwechselten. Das vermutlich mehrmals, insbesondere im 3. Jh. v. Chr. durch Hannibal zerstörte Oppidum erfährt mit der Niederlassung der Römer eine regelrechte Blütezeit, die unter Augustus ihren Höhepunkt findet. Zu dieser Zeit wächst die Einwohnerzahl auf ganze 8.000 Personen an. Ab Mitte des 1. Jh. n. Chr. verliert das Oppidum jedoch an Popularität, als unter der Pax Romana verständlicherweise die Völker der Provinz Narbonnaise ihre Festungen nach und nach aufgeben.

Oben rechts

Der Salagou-See und Notre-Dame-des-Clans

Oben links

Ehemalige Weberhäuser in Villeneuvette

DER THAU-SEE

Mit 8.000 ha ist dieser durch einen 20 km langen, schmalen Küstendamm vom Mittelmeer getrennte See der größte des Languedoc. Binnenmeer wäre eigentlich eine passendere Bezeichnung für dieses riesige Gewässer mit seinen zahlreichen Stränden, Seebädern, Häfen (Balaruc, Bouzigues, Marseillan, Mèze), Schiffen, Anglern und Stürmen. Seit der Antike lebten die hiesigen Anwohner vornehmlich von der Muschelzucht. Bereits die Römer waren versessen auf die vormals wild gedeihenden flachen Austern des Thau. Diese einheimische Sorte fiel allerdings ungünstigen Umwelteinflüssen zum Opfer und wurde durch eine tiefschalige, sehr resistente aber dennoch schmackhafte Austernsorte japanischen Ursprungs abgelöst, die unter dem Namen Bouzigues vertrieben wird.

In Ermangelung der Gezeiten werden

Links

Austernpark am Thau-See. Im Gegensatz zu Marennes und Belons wird die Austernsorte Bouzigues dauerhaft von Wasser überdeckt auf tischähnlichen Gestellen gezüchtet.

Wermutbetrieb Noilly Prat: Fässer unter freiem Himmel

Der Wermutbetrieb Noilly Prat in Marseillan

Welch ungewöhnliches Spektakel liefern die Hunderte, dicht aneinander gereihten Fässer im riesigen Hof des Wermutbetriebs Noilly Prat! Unter freiem Himmel reift der Sonne und Wetter ausgesetzte, berühmte aromatische Wermut in Eichenfässern heran. Er wird nach einem Geheimrezept aus erlesenen, leichten Weißweinsorten und etwa zwanzig Kräutern hergestellt. Ganzjährig geöffnet (außer im Januar und Februar). ■

diese Austern dauerhaft von Wasser überdeckt auf tischähnlichen Gestellen gezüchtet. So erreichen sie ihre Reife in zwölf bis zwanzig Monaten, sprich ein Jahr schneller als ihre Artgenossen aus dem Atlantik oder Ärmelkanal. Am See sind malerische Städtchen zu besichtigen, wie beispielsweise Balaruc-le-Vieux, das von seiner Festungsmauer einen herrlichen Ausblick auf den See bietet und eine schöne befestigte Kirche aus dem 14. Jh. besitzt. Sehenswert sind ebenfalls die reizenden Orte Mèze mit seinen Festungsfragmenten, Loupian mit seinen befestigten Stadttoren, von Arkaden überspannten Gassen und einer römischen Villa aus dem 4. Jh., Bouzigues mit seinen Austernzuchtgestellen und dem Thau-See-Museum. In Marseillan schließlich sorgen der Fischereihafen, belebte Kais, Häuser aus schwarzem Basalt, die Kirche Saint-Jean-Baptiste und der berühmte Wermutbetrieb für unvergessliche Eindrücke.

Oben

Bouzigues, die Austernhauptstadt am Thau-See

Unten

Die Kirche Notre-Dame-de-la-Conversion mit ihrem bergfriedartigen Kirchturm

FRONTIGNAN

Bereits zur Römerzeit war dieses Weinbaustädtchen für die Qualität seines Weines bekannt und behauptet seit mehr als zwanzig Jahrhunderten erfolgreich seine Stellung als Hauptstadt des Muskatellers. Frontignan war aber auch ein bedeutender Hafen, im 17. Jh. sogar der größte des Languedoc. Für einen angenehmen Aufenthalt in diesem reizenden Ort von mittelländischer Anziehungskraft sorgen das hauptsächlich dem Wein gewidmete Museum, der Aresquiers-Strand und die befestigte Kirche Conversion-de-Saint-Paul (12. Jh.) mit ihrem schön verzierten Portal, an dem Schiffe und Fische die vergangene Hafenstadtidylle aufleben lassen.

LA GRANDE-MOTTE

Hier scheiden sich die Geister: schön oder hässlich? Jedenfalls lassen die gigantischen, pyramidenförmigen Wohnblöcke des Architekten Jean Balladur niemanden gleichgültig. La Grande-Motte symbolisiert heute die in den 60er Jahren vom Staat gewollte Urbanisierung der Küste des Languedoc, um dem Bedarf des Massentourismus gerecht zu werden. Erfolgreiches architektonisches Werk der Avantgarde oder nicht wieder gutzumachende Entstellung einer außergewöhnlichen Küstenlandschaft? Das Urteil bleibt jedem einzelnen überlassen.

Oben

Die Marina von La Grande-Motte: ein umstrittenes Bauprojekt, das dennoch Schule machte

Links

Der Strand von La Grande-Motte

LODÈVE

Im Süden die weitläufige Languedoc-Ebene mit ihren Weinstöcken, im Norden das Larzac-Plateau mit seinen Schafen und genau dazwischen das Städtchen Lodève mit seiner gallischen, römischen und westgotischen Vergangenheit. Zwölf Jahrhunderte hindurch war der Ort Sitz eines mächtigen Bistums und gelangte mit der Wollindustrie zu Reichtum, bevor er sich der Urangewinnung zuwandte. Von dem auf der Anhöhe von Montbrun gelegenen Schloss sind lediglich Ruinen und in den Altstadtvierteln nur noch wenige Spuren der Vergangenheit zu sehen. Umso schätzenswerter ist die befestigte Kathedrale Saint-Fulcran, ein wirklich bemerkenswertes gotisches Bauwerk mit einem imposanten, 57 m hohen Kirchturm.

Die Larzac-Hochebene

Lodève ist der ideale Ausgangspunkt für einen Abstecher zum Larzac-Plateau, dessen südlicher Teil dem Département Hérault angehört. Nur zu gut bleibt die Erinnerung an den Kampf der Landwirte lebendig, die sich der Ausweitung eines Militärstützpunkts auf der Hochebene widersetzten. Vor der prachtvollen Steppenlandschaft dieser immensen Kalkhochebene und der ursprünglichen Schönheit der befestigten Gehöfte und Dörfer, wie beispielsweise Le Caylar in 19 km Entfernung von Lodève, ist es mehr als verständlich, dass die Bewegung unter dem Slogan „Gardarem lou Larzac" zahlreiche, entschlossene Anhänger fand. ■

Rechts

Die Kathedrale Saint-Fulcran in Lodève

Unten

Das Larzac-Plateau. Hier spielte sich eines der bewegendsten Kapitel der Widerstandsbewegung der französischen Landwirte ab.

MINERVE UND DIE REGION MINERVOIS

Balanceakt auf einem Gebirgsvorsprung: Hoch über der Felsschlucht von Cesse und Brian thront die nach der Göttin Minerva benannte Stadt in Schwindel erregender Höhe. Ihren Namen verdient die Stadt zu Recht, denn sie ist schlichtweg göttlich. Die bereits natürlich durch tief eingeschnittene, steilwandige Täler, Klippen und steile Böschungen geschützte Stadt wurde noch zusätzlich von Menschenhand mit Mauern befestigt. Kein Wunder also, dass Minerve zu den mächtigsten Festungen der Katharer zählte. Dennoch musste die Stadt im Jahre 1210 vor den Truppen von Simon de Montfort kapitulieren - mit dem Ergebnis, dass 180 Katharer durch die Inquisition bei lebendigem Leibe verbrannt wurden. Die besonders reizvolle Altstadt wird von der Candela überragt, einem Turm des ehemaligen mittelalterlichen Schlosses. Zu diesem Turm gelangt man über den ehemaligen Wehrgang, unter welchem sich die tiefe Brian-Schlucht auftut. Zu den interessantesten Bau- und Kunstwerken der Stadt zählen die Porte Basse, die Porte des Templiers, der Gefängnisturm, der Saint-Rustique-Brunnen, das nachgebaute Malvoisine-Katapult, mit dem die Stadt während der Belagerung von 1210 bombardiert wurde, und vor allem die romanische Kirche Saint-Étienne (11. Jh.), in welcher einer der ältesten Altare aus weißem Marmor (6. Jh.) zu bewundern ist. Von der Stadt führt ein kurzer Wanderweg zu den natürlichen Brücken aus Kalkstein, die das Bett des Flüsschens Cesse überspannen.

Minerve ist die Hauptstadt eines ungewöhnlich originellen Landstrichs - von den Franzosen gern als Pays bezeichnet. Die Besichtigungstour führt durch Weinberge und Heide, Olivenhaine und Wälder und greift bisweilen in das Département Aude über. Weitere Sehenswürdigkeiten sind die Stadt Caunes-Minervois, bekannt für ihre Marmorbrüche, darunter die spektakulären Marmorbrüche Notre-Dame-du-Cros, und ihre romanische Abteikirche Saint-Pierre-et-Saint-Paul. Über kleine Landstraßen gelangt man zu den Höhlen La Coquille (5 km von Minerve) und Bize (2 km von Bize-Minervois), dem Dorf d'Aigne mit seinem originellen, schneckenförmigen Grundriss und zu den Fades-Dolmen und den Kapellen Saint-Germain und Notre-Dame-de-Centeilles nahe der Städtchen Cesseras und Ciran.

Oben

Der Chor der romanischen Kirche von Rieux-Minervois. Der Grundriss basiert auf der Zahl sieben und ist mit einem siebeneckig angelegten Mittelschiff und vierzehneckig ausgebildeten Chorumgang symbolhaft mit der Jungfrau Maria verbunden.

Oben
Minerve, Hochburg der Katharer und eine Märtyrerstadt unter vielen

Unten
Muskateller-Reben bei Saint-Jean-du-Minervois

Oben
Die Apsis der Abteikirche Saint-Pierre-et-Saint-Paul in Caunes-Minervois ist ein besonders schönes Beispiel südländischer romanischer Baukunst.

Oben
Im Antigone-Stadtviertel wird das Fest „Fête des Associations“ gefeiert.

Unten
Der Place Jean-Jaurès im Herzen der Altstadt ist einer der belebtesten und buntesten Plätze in Montpellier.

MONTPELLIER

Montpellier, die unumstrittene Hauptstadt des Languedoc-Roussillon, verblüfft durch seinen ungewöhnlichen Werdegang. Die reiche, jung-dynamische Industriestadt, in der ein Viertel der Einwohner Studenten sind, ist im Vergleich zu ihren Nachbarstädten trotz ihrer immerhin tausendjährigen Vergangenheit relativ jung. Die Stadt entsteht im 10. Jh. aus dem Zusammenschluss zweier Dörfer und erfährt dank ihres regen Außenhafens Lattes eine rasante Entwicklung durch den Seehandel. Montpellier entwickelt sich zu einer bedeutenden Etappe auf der Pilgerstrecke nach Santiago de Compostela und zum Heiligen Land. Darüber hinaus kann Montpellier sich einer in ganz Europa angesehenen Universität

rühmen, an der u. a. Rabelais Medizin studierte. Nach den Schrecken des ausgehenden Mittelalters – Epidemien, Hundertjähriger Krieg, Religionskriege – findet die Stadt im 17. Jh., begünstigt durch den Weinbau und die Chemieindustrie, wieder zu jenem Ansehen und Wohlstand zurück, der sie bis heute kennzeichnet.

Montpellier überrascht durch seine zwei Gesichter. Das eine hochmodern, ja geradezu avantgardistisch mit seinen Neustadtvierteln, wie der gewagte, bisweilen umstrittene Antigone-Komplex des Architekten Ricardo Bofill, das Kongress- und Opernhaus Corum und verblüffende Projekte wie der Bau von Port-Marianne, durch welchen Montpellier wieder Zugang zum Meer haben wird. Das andere Gesicht ist das dem mittelalterlichen Grundriss treu gebliebene Altstadtviertel, das fast vollständig in eine Fußgängerzone umgewandelt wurde. Das Kulturgut Montpelliers ist so reichhaltig, dass eine detaillierte Aufzählung aller Sehenswürdigkeiten schier unmöglich wäre.

Eigentliches Herz der Stadt ist der im 18. Jh. angelegte Place de la Comédie, obwohl am Rande des historischen Zentrums liegend. Bemerkenswertestes Bauwerk dieses Platzes ist das von Garnier umgestaltete Theater. Die Straßen und Plätze der Altstadt wie die Rue de la Loge, die Rue des Trésoriers-de-la-Bourse, die Rue de l'Argenterie, die Rue de l'Ancien-Courrier und der Place Saint-Ravy, um nur einige zu nennen,

Oben links

Dieser unlängst restaurierte Triumphbogen am Haupteingang zum historischen Stadtzentrum wird auch Ecusson genannt.

Oben rechts

Der eindrucksvolle befestigte Portalvorbau der Kathedrale Saint-Pierre

Oben

„Blumenwalzer“: So nannte der Choreograph Dominique Bagouet sein beim Tanztheaterfestival Montpellier aufgeführtes Stück.

Unten

Seit seiner Wiedereröffnung im Februar 2007 hat das Fabre-Museum einschlägigen Erfolg beim Publikum.

Das Fabre-Museum

Nach vierjähriger Schließung wegen umfassender Umbauarbeiten ist das Fabre-Museum in Montpellier seit Februar 2007 wieder für Besucher zugänglich. Der komplett sanierte Bau zeigt auf 9.200 m² Ausstellungsfläche rund 900 nach Themen und Epochen geordnete Werke aus mehreren Jahrhunderten (15. - 21. Jh.). Mit seinen Sammlungen flämischer und holländischer Meister, seinem Fonds aus dem 18. Jh., Gemälden von Delacroix, Géricault, Courbet und Corot, Werken bedeutender Impressionisten, Malereien des 20. Jh. – von Van Dongen, Fiesz, Valadon, Nicolas de Staël – und Exponaten von Pierre Soulages ist das Museum heute landesweit eines der best bestückten. Dazu kommen Ausstellungsräume für Bildhauerei (Houdon bis Germaine Richier), grafische Kunst mit einer außergewöhnlichen Sammlung von Zeichnungen u. a. von Raphäel, Boucher und Fragonard und Dekorationskunst sowie Wechselausstellungen.

Anschrift: 13 rue Montpelliéret,
Tel. +33 (0)4 67 14 83 00 ■

Oben

Auf dem großzügig angelegten, autofreien Place de la Comédie zwischen Altstadt und Neubauviertel Antigone schlägt das Herz vom Montpellier.

sind von Patrizierhäusern gesäumt, unter welchen regelrechte Prachtexemplare anzutreffen sind. Angenehme Spaziergänge verheißen die im 18. Jh. angelegte Esplanade Charles-de-Gaulle, die am Champ-de-Mars-Park vorbeiführt, und die gleichaltrige Peyrou-Promenade. Zu den ältesten Bauwerken der Stadt zählen der Babote-Turm, ein Überbleibsel der ehemaligen Festungsanlage, und die befestigte Kathedrale Saint-Pierre (14. Jh.), deren Fassade von zwei Türmen eingerahmt wird. Wenn man berücksichtigt, dass Montpellier mehrere außergewöhnliche Museen beherbergt, wie beispielsweise das Musée Fabre, das Musée languedocien, das Musée du Vieux-Montpellier und das Musée Atger, sollte man mindestens zwei bis drei Tage für die Besichtigung der Stadt einplanen.

NAVACELLES

Dieser Ort ist nicht nur atemberaubend, er ist in ganz Europa einzigartig. Der 300 m tiefe Trichter wurde von den Fluten des heute versiegten Vis ausgehöhlt. Durch die bogenförmige Flusswindung bildete sich mitten im Talkessel eine Felskuppe heraus, in deren Nähe das kleine Dorf Navacelles entstand. Vom Aussichtspunkt Baume-Auriol an der Départementstraße D 130 bietet sich der beste Ausblick auf dieses wunderschöne, bizarre Naturwunder.

Unten

Ein geologisches Kuriosum: der prachtvolle Talkessel Navacelles

OLARGUES

Das auf einem felsigen Hügel vor der Kulisse des Caroux sich erhebende Olargues wirkt trotz seiner bewundernswerten Architektur und landschaftlich schönen Umgebung auf den ersten Blick so bescheiden, dass ihm niemand seine ereignisreiche Geschichte zutrauen würde. Die gallisch-römische Stadt, einst Vorposten zur Verteidigung des römischen Reiches gegen die einfallenden arvernischen Stämme, später zunächst von den Westgoten zur kurzlebigen Hauptstadt ihres Reiches erklärt und danach von den Sarazenen erobert, blieb dank ihrer Festung und Wälle das ganze Mittelalter über ein strategisch bedeutender Ort zur Verteidigung des Jaur-Tals. Simon de Montfort musste die widerspenstige Stadt während des Kreuzzugs der Albigenser 1210 gar belagern lassen, und vier Jahrhunderte später, im Jahre 1629, ordnete Richelieu den Abbau ihrer Wehranlagen an, um die nach wie vor störrischen Languedoc-Bewohner in die Knie zu zwingen. Davon ist in dem friedlichen Ort heute zwar nichts mehr zu spüren, doch die mittelalterlichen Gässchen, der hoch aufragende alte Bergfried, die so genannte Teufelsbrücke (1202) und die Überreste der Schutzwälle sind auf jeden Fall den Umweg wert.

Oben

Gold schimmernde Steinkulisse vor untergehender Wintersonne in Olargues

Oben

Lanzenstecher im Hafen des Fischerortes Palavas-les-Flots

Unten

Chor und Querschiff der Kathedrale Saint-Pierre-de-Maguelone

Von Palavas-les-Flots nach Maguelone

Das zwischen den beiden Weltkriegen gegründete Seebad Palavas-les-Flots war seit seiner Gründung dem Gespött der Bourgeoisie und den unerbittlichen Karikaturen von Dubout ausgesetzt, der gerne die Urlaubermassen des Ortes in Szene setzte. Palavas-les-Flots symbolisierte sehr früh als überaus beliebte Anlaufstelle der bescheidenen Schichten Montpelliers die soziale Errungenschaft des „bezahlten Urlaubs“ - Worte, in welche die gehobene Schicht ein gehöriges Maß an Verachtung zu legen pflegte. Tatsächlich verdiente dieser kleine Fischereihafen weder dergleichen Ehre noch derart viel Hohn. Bis heute hat der Ort seinen malerischen Reiz bewahrt. Das fröhliche Ambiente der belebten Kais und des Strandes lassen erfreulicherweise die phantasielose Architektur der anliegenden Neubauten vergessen.

In nur 4 km Entfernung von Palavas erhebt sich auf einer Art Halbinsel am Ende des Küstenwalls die Kathedrale Saint-Pierre de Maguelone. Diese mittelalterliche Festung mit hoher Fassade, dicken Mauern, wenigen Fenstern, Pechnasen und Schießscharten bildet den traurigen Rest der einst bedeutenden Bischofs- und Hafenstadt, einer regelrechten Bastion der christlichen Welt gegen die Angriffe der Sarazenen und Unterschlupf mehrerer Päpste während der Machtkämpfe zwischen Papst und Kaiser. Doch Religionskriege und die Konkurrenz mit Montpellier, die im 16. Jh. der Stadt ihren Bischofssitz streitig machte, leiteten schon bald den Untergang von Maguelone ein. Den endgültigen Gnadenstoß erhielt sie im Jahre 1622, als Richelieu den Abbau des Stadtwalls beorderte, und während des Baus des Rhône-Sète-Kanals, als die Steine ihrer Ruinen abgetragen, verkauft oder in den Fluten der Weiher versenkt wurden. Aus ihrer glorreichen Vergangenheit ist heute nur noch die einsame, nostalgische Silhouette der ehemaligen Kathedrale erhalten, die wie ein Wachtposten aus vergangener Zeit trotzig in den Himmel ragt.

Oben

Der nach Sète führende Rhône-Kanal und die hinter der Baumgruppe erkennbare Kathedrale von Maguelone. Zwischen Kanal und Teich steht bis heute das Tor der einstigen Abtei.

Unten

Am Weiher von Arnel legt ein Fischer seine Netze zum Trocknen aus.

REGIONALPARK HAUT-LANGUEDOC

Der an den südlichen Ausläufern des Massif Central in Mittelgebirgslage gelegene Regionalpark Huat-Languedoc beherrscht aus seiner erhabenen Position die Lauragais-Schwelle und die Ebenen des Languedoc. Seine 260.000 ha Fläche, die von der durch die Bergkämme des Mont Espinouse und des Mont Somail symbolisierten Wasserscheide zwischen Atlantik und Mittelmeer durchzogen wird, erstreckt sich über die Regionen Midi-Pyrénées und Languedoc-Roussillon und umfasst die Départements Tarn und Hérault. Der Park bildet eine zusammenhängende natürliche Einheit und verdient als solche Erwähnung, auch wenn es uns in diesem Kulturführer in erster Linie um die Städte und historischen Standorte des Départements Hérault geht. Es ist dem beiderseitigen Einfluss von Mittelmeer und Atlantik zu verdanken, dass der ausschließlich in Mittelgebirgslage befindliche Regionalpark eine so reiche Arten- und Landschaftsvielfalt zu bieten hat. Granitformationen und Kalksteinklippen, Wälder und Wiesen, Heidelandschaften und Obstanbaugebiete, Seen und Schluchten sind das ideale Milieu für eine höchst abwechslungsreiche Tier- und Pflanzenwelt. Zu den über 2.500 gezählten höheren Arten, die hier leben und durch zahllose Wirbellose und niedere Pflanzen ergänzt werden, gehören allein 247 Vogelarten, darunter der Königsadler, der Schlangenadler und der schwarze Milan sowie teilweise seltene bzw. vom Aussterben bedrohte Säugetierarten wie Mufflons, Fischotter und Europäische Ginsterkatzen.

Nicht minder eindrucksvoll ist die im Park vorhandene Bausubstanz. Allent-

Der See am Saut de Vésoles

Im Gegensatz zu La Raviège liegt dieser See weitab jeglicher Zivilisation in einer unberührten Heide- und Waldlandschaft, umgeben von undurchdringlicher Ufervegetation mit bunt schillernden Farngewächsen. Der durch den Bureau-Fluss mit Wasser versorgte Stausee mit einer Fläche von 50 ha bietet dank seiner Höhenlage einen atemberaubenden Ausblick hinunter auf das Jaur-Tal. Rundwege mit Rastplätzen zum Picknicken laden zur Erkundung ein. Wer nicht schwindelfrei ist, sollte die Steilklippen am Aussichtspunkt Saut de Vésoles lieber meiden. Der unmotorisierte Wassersport ist ebenfalls möglich. ■

halben erwarten den Besucher Dolmen und Menhir-Standbilder, Abteien, Schlösser, Kirchen und Oppida sowie schlichte, aber dennoch wunderschöne Bergdörfer mit Schiefer, Ton oder Steinziegel gedeckte Bauernhöfe, Kapellen, Brunnen und Waschhäusern - für den Wanderer eine schier unerschöpfliche Erlebnisquelle.

Die Wanderrouten GR 7, 36, 71, 77 und 653 und zahlreichen Mountainbikestrecken und Reitwege bieten diverse Möglichkeiten für unvergessliche Ausflüge an die schönsten von der Natur oder vom Menschen geschaffenen Stätten der Region. Die drei nachstehend aufgeführten Orte sind nur einige von vielen lohnenswerten Zielen im Regionalpark.

Linke Seite

Dem außergewöhnlich milden Mikroklima verdankt das an den Ufern des Orb gelegene Roquebrun seinen inoffiziellen Namen Klein-Nizza.

Unten

In den Espinouse-Bergen bilden Heide, undurchdringliche Wälder und tiefe Täler ein Fleckchen unberührte Natur.

Die Héric-Schlucht

Das im Caroux-Massiv gelegene Schluchtgebiet ist eines der schönsten Wanderreviere des Regionalparks. Der Weg führt zwischen steilen Felswänden, die hier Aiguilles du Rieutord, Arêtes du Coulaygue, Paroi de l'Épaule du Rieutord und Cirque de Farrière heißen, durch eine tiefe Schlucht am Héric-Bach entlang und von dort hoch zu dem gleichnamigen, völlig abgelegenen Ort, der nur über Gebirgspfade mit der Außenwelt verbunden ist. Wer Glück hat, dem begegnet unterwegs vielleicht sogar ein Mufflon. ■

Der Mufflon

Im 19 Jh. war dieser Vorläufer des Hausschafs auf dem europäischen Festland fast vollständig ausgerottet. 1956 wurden einige wenige Exemplare der Gattung aus Korsika im Espinouse-Massiv ausgesetzt. Die Bedingungen vor Ort - Steilhänge, wenig Schnee - waren offenbar ideal, denn mittlerweile sollen hier gut 1.000 Tiere heimisch sein. Mufflons, heute eine geschützte Tierart, für die 1973 ein 1.700 ha großes Schutzgebiet eingerichtet wurde, sind scheue, scharfsichtige Zeitgenossen, die der aufmerksame Beobachter aber auch tagsüber bei der Nahrungssuche beobachten kann. Ein ausgewachsener Mufflon wiegt 25 bis 40 kg, hat ein Stockmaß von 70 bis 75 cm und rotbraunes Fell mit grauem Sattel. Die Männchen haben Respekt einflößende Bogenhörner mit Ringmuster, die Weibchen eine weiße „Maske". Zur Brunftzeit - Mitte Oktober bis Dezember - kommt es häufig zu Kämpfen zwischen den Männchen. Wurfzeit ist Ende April, Anfang Mai, wobei meist ein, in Ausnahmefällen zwei Junge zur Welt kommen. ■

PÉZENAS

Der zur gallisch-römischen Zeit für seine Wolle berühmte Marktflecken fiel zunächst den Invasionen der Barbaren zum Opfer. Unter Ludwig IX. gelangte die Gemeinde im Jahre 1261 in den Besitz der französischen Krone und damit zu Wohlstand. Der Stadt wurde ein Marktrecht gewährt, wodurch sie sich erneut als regionale Hauptstadt der Wolle behaupten konnte. Ab Mitte des 15. Jh. wurden in Pézenas die Generalstände des Languedoc abgehalten, was wiederum dazu führte, dass Aristokraten und einflussreiche Großbürger im Ort herrschaftliche Häuser bauen ließen. Dieses goldene Zeitalter fand 1632 ein jähes Ende, als der Provinzgouverneur Henry de Montmorency für seine rebellische Haltung gegen Richelieu geköpft wurde.

Auf einem ausgeschilderten Rundgang (der Stadtplan ist im Verkehrsamt erhältlich) kann man die Prachtbauten des „Versailles des Languedoc" erkunden, darunter die Kirchen Saint-Jean und Sainte-Ursule, den Laden des Barbiers Gély, den unter anderem Molière anlässlich seiner Aufenthalte in Pézenas aufsuchte, die Häuser der Kommandeure und des Händlers Jacques Cœur sowie zahlreiche Patrizierhäuser von Sébasan, Lacoste, Alfonse, Quintin und Montmorency.

Oben

Herrschaftliche Stadthäuser wie das Patrizierhaus von Lacoste (oben) erinnern an die wohlhabende Vergangenheit der Stadt Pézenas, als diese noch Hauptstadt des Wollgewerbes und der Verwaltung war.

Unten

Auf der „Fête du Poulain" in Pézenas

Die Abtei Valmagne

Nur 15 km von Pézenas entfernt überrascht dieses ab dem 12. Jh. errichtete, herrliche Ensemble aus Kirche, Kreuzgang und klösterlichen Gebäuden. Valmagne wuchs schnell zu einer der wohlhabendsten und einflussreichsten Abteien des Languedoc heran, bis sie durch die Revolution dem Staatsgut einverleibt wurde. Sie konnte jedoch vor der Zerstörung bewahrt werden, indem sie zu einem Weingut umfunktioniert wurde, wie noch heute die in der Kirche gelagerten Weinfässer bezeugen. ■

Rechts und oben

Die Abtei Valmagne, ein architektonisches Kleinod, konnte unter der Revolution nur knapp vor der Zerstörung bewahrt werden.

SAINT-BAUZILLE-DE-PUTOIS UND DEMOISELLES-HÖHLE

Die ganz in der Nähe des malerischen Dorfes Saint-Bauzille-de-Putois liegende Höhle ist sowohl von ihren eindrucksvollen Ausmaßen als auch von ihrer fantastischen Dekoration her eine der schönsten unterirdischen Stätten Frankreichs. Hängender und stehender Tropfstein ist hier allenthalten zu teils bizarren, teils anmutig gefalteten Gebilden mit verheißungsvollen Namen wie „Jungfrau mit Kind", „Königsmantel", „Quallenbänke", „Tausend-Säulen-Wand" und „Orgelbüffet" ausgeformt. Der größte, zu Recht „Dom der Abgründe" getaufte Saal ist mit seinen 52 x 80 x 120 Metern von wahrlich atemberaubender Schönheit. Die Demoiselles sind aber nicht nur eine Augenweide, sondern auch historisch hochinteressant. Anfang des 17. Jh. fanden hier Kamisarden und später, während der Schreckenszeit genannten Periode der Französischen Revolution, widerspenstige Priester Unterschlupf. Dass man den Ort heute so mühelos besichtigen kann, darf nicht darüber hinwegtäuschen, dass seine Entdeckung durch die bedeutenden Höhlenforscher Albert Martel und Norbert Casteret seinerzeit ein riskantes Unternehmen war.

Unten

Madonna mit Kind in der Demoiselles-Höhle

SAINT-GUILHEM-LE-DÉSERT

Zunächst einmal ist Saint-Guilhem-le-Désert ein atemberaubender Landstrich aus kahlen Bergen, Schluchten, weißen Kalkfelsen, immergrüner Macchia und Heide. Dann ist da dieses zauberhafte, in einem Tal gelegene, halbkreisförmige Dorf, das bis heute mit rötlichen Dachziegeln gezierte romanische Häuser und Ruinen der ehemaligen Befestigungsanlage besitzt. Aber vor allem entzückt der Ort durch seine Abtei, ein beeindruckendes Meisterwerk romanischer Baukunst. Ihre markanten Merkmale: befestigter Kirchturm, schön verziertes Portal, perfekt proportionierte Apsis, extrem schmales, hohes, scheinbar bis in den Himmel ragendes Kirchenschiff und Chorabschluss mit einem Gewölbe verblüffenden Ausmaßes. Trotz des entstellten Kirchturms, der teilweise verkauft wurde, um – man höre und staune – in New York wieder aufgebaut zu werden, ist die Abtei von Saint-Guilhem mit Sicherheit eines der ergreifendsten Zeugnisse genialer, mittelalterlicher Baukunst.

Rechte Seite oben

Anmut und Bescheidenheit kennzeichnen die Abtei Saint-Guilhem, ein Meisterwerk der romanischen Baukunst.

Oben

Der Hérault ist bei Kanufahrern ein beliebter Treffpunkt.

Das Umland von Saint-Guilhem-le-Désert

Die Gegend von Saint-Guilhem-le-Désert hat zahlreiche außergewöhnliche Sehenswürdigkeiten zu bieten. So bieten sich beispielsweise eine Besichtigung der Teufelsbrücke Pont du Diable (11. Jh.), ein Spaziergang durch den Wald von Saint-Guilhem längs eines ehemaligen Pilgerpfads nach Santiago de Compostela, die Erkundung des spektakulären Tals Cirque de l'Infernet oder des Schlosses Château du Géant an. 4 km vom Dorf entfernt befindet sich die Clamouse-Höhle, die neben der nahe Ganges gelegenen Demoiselles-Höhle zu den schönsten des Languedoc zählt. ■

Links

Der „Weiße Korridor" in der Clamouse-Tropfsteinhöhle

SAINT-PONS-DE-THOMIÈRES

Die zu Füßen des Mont Somail und des Mont Espinouse in eine Hügel- und Flusslandschaft gebaute Stadt Saint-Pons-de-Thomières wird auf das zweite vorchristliche Jahrhundert datiert. Jäger und Sammler gab es aber schon sehr viel länger in der Region. Die von ihnen geschaffenen Menhir-Statuen und Landschaftsdarstellungen sind so zahlreich und meisterhaft ausgeführt, dass Prähistoriker den Begriff der Zivilisation von Saint-Pons geprägt haben.

Saint-Pons-de-Thomières bestand ursprünglich aus zwei eigenständigen befestigten Ortschaften: Thomières, die am rechten Ufer des Jaur errichtete „Understadt", und Saint-Pons, die „Magier-Stadt", die im 10. Jh. am linken Ufer des Flusses um eine von den Grafen von Toulouse errichtete Abtei herum gebaut wurde. Erst im 15. Jh. wurden beide zu einer gemeinsamen Stadt zusammengefasst. Von deren mittelalterlichen Geschichte zeugen zahlreiche Ruinen: die beide Stadtteile verbindende Brücke Notre-Dame über den Jaur, die Gässchen mit Häusern aus dem 14. und 15. Jh., die Überreste der Festungsmauern und vor allem die Abtei Saint-Pons mit ihrer ursprünglich im 11. und 12. Jh. gebauten und im 16. und 18. Jh. umgebauten Kathedrale. Die war mit ihren gezackten Türmen, dem mit Pechnasen bestückten Wehrgang und den Schießscharten im Kirchenschiff Sakral- und Wehrbau in einem und wurde aus diesem Grunde

Links

Die befestigte Kathedrale: Sakralbau und Wehranlage in einem

Castellum getauft. Das bedeutendste Stück ihrer üppigen Ausstattung ist neben dem Chor aus Polychrom-Marmor mit Gestühl aus geschnitztem Nussbaum eine Orgel aus dem Jahre 1772, die nach der von Notre-Dame in Paris die zweitgrößte in ganz Frankreich ist.

Oben
Die imposanten Häuser im Ortskern muten wie Gutshäuser an.

Rechts
Im vorgeschichtlichen Museum ist eine Menhir-Statue zu sehen.

Menhir-Statuen

Die Bedeutung der aufrecht stehenden, mit Gravuren verzierten Steine, die in den Lacaune-Bergen anzutreffen sind, ist bis heute ungeklärt. Von einigen wenigen Riesenexemplaren wie der 4,5 m hohen Pierre Plantée abgesehen, sind sie von meist bescheidener Größe (ca. 1,50 m) - vielleicht, um den Menschen von damals nicht zu überragen. Errichtet wurden die erstaunlichen Meisterwerke vermutlich im dritten oder vierten vorchristlichen Jahrtausend von jungsteinzeitlichen Jägern der in Saint-Pons entstandenen Zivilisation. Wer die darauf gezeigten Männer und Frauen sind - Götter, Ahnen oder Stammeshäuptlinge - und was sie in den Händen halten, darüber kann man nur spekulieren. Ob man jemals dahinter kommen wird, steht in den Sternen. ■

LA SALVETAT-SUR-AGOUT

Wie soll man dem Reiz der wie auf einer Empore hoch über dem Agout thronenden Stadt mit ihren Gässchen, überdachten Durchgängen und Schiefer gedeckten, historischen Anwesen rund um die Kirche widerstehen? La Salvetat verdient ganz ohne Zweifel einen Platz auf der Liste der schönsten Dörfer Frankreichs. An das Mittelalter erinnert die einst unter kirchlichen Schutz (Sauveté) gestellte Stadt ihre Besucher auf Schritt und Tritt: der Cazal-Turm mit seinen wunderschönen Gewölben, die romanische Kapelle Saint-Étienne-de-Cavall, die Überreste des Schutzwalls, die befestigten Stadttore, die Brücke Saint-Étienne (12. Jh.) und eine aus dem 11. Jh. stammende schwarze Muttergottes, der Wunder zugeschrieben werden. Die Stadt verdankt ihren Reichtum historisch gesehen der Tatsache, dass sie eine bedeutende Etappe auf dem Weg zum Wallfahrtsort Santiago de Compostela war, und in neuerer Zeit dem ganz und gar weltlichen Mineralwasser, das ihren Namen trägt.

Unten

La Raviège-See mit Wassersportrevier Les Boulduires

Der See La Raviège

Der in einem Buchen- und Tannenwald angelegte Agout-Stausee La Raviège erstreckt sich über eine Fläche von über 400 ha und eine Länge von 12 km. Ein künstlicher Strand, ein Wassersportzentrum, Angelmöglichkeiten, Wanderwege und Mountainbikestrecken machen den Ort zu einer der Hauptattraktionen des Regionaltourismus. ■

SÈTE

Woher nur nimmt die Stadt Sète ihren unwiderstehlichen Charme? Verglichen mit den schönen Nachbarstädten und alten Rivalinnen Agde, Aigues-Mortes und Montpellier hat Sète weder eine ruhmreiche Vergangenheit noch umwerfende Baudenkmäler zu bieten. In dieser Region, wo das kleinste Dorf auf eine mehr als tausendjährige Geschichte zurück blicken kann, tritt das im Jahre 1666 gegründete „Venedig des Languedoc" als Neustadt in Erscheinung. Auch wenn an diesem Ort die Präsenz einer gallisch-römischen Siedlung und später eines mittelalterlichen Marktfleckchens belegt wurde, war doch hier niemals die Rede von einer Stadt. Sète verdankt seine Existenz mehrerer Gegebenheiten: der fortschreitenden Versandung von Agde, Aigues-Mortes, Lattes (dem Außenhafen von Montpellier) und Narbonne, dem Willen Colberts, Frankreich mit einem bedeutenden mediterranen Hafen auszustatten, und dem Bestreben von Pierre-Paul Riquet, dem Canal du Midi einen Mittelmeerzugang zu verschaffen. Wahrscheinlich liegt genau darin das Geheimnis der Anziehungskraft der Stadt: Als Nesthäkchen der großen Hafenstadtfamilie des Languedoc bezaubert sie durch

Oben

Blick von den Pierres-Blanches auf den Lido

Nebenstehend

Das Fischerviertel Pointe-Courte und direkt gegenüber die Landzunge Pointe-Longue

ihre jugendliche Frische. Die Suche nach beeindruckenden Kirchen oder herrlichen Patrizierhäusern ist hier vergebene Mühe. Die bestechenden Argumente für Sète liegen ganz woanders: nach Jod und Heide duftendes Flair, umwerfendes Licht, nicht enden wollendes Highlife-Ambiente auf den Kais, genüssliche Aussichtspunkte vom Mont Saint-Clair und ergreifender Charme der Seemannsfriedhöfe.

Sète ist deutlich in zwei Stadtteile gegliedert. Die Unterstadt mit ihren Kais, Kanälen und Brücken macht Sète eindeutig zu einer Seestadt. Zu den belebtesten und malerischsten Orten zählen die Mole Saint-Louis, die den Yachthafen beherbergt, und die Kais Consigne und Général-Durand, an welchen die Fischerboote anlegen. Gegenüber befindet sich der Kai Aspirant-Herber, der einen schönen Ausblick auf die Stadt bietet. Zwischen Stadt und Thau-See liegt an der Mündung des Kanals von Sète das Fischerdorf La Pointe-Courte, das noch von einer erstaunlichen Ursprünglichkeit zeugt. In der Oberstadt auf dem Mont Saint-Clair sind stufenförmig Wohnviertel angelegt und noch unbebaute Flächen vorhanden. An seinen Hängen, in herrlicher Lage zum Meer, erstreckt sich der Seemannsfriedhof, auf dem Paul Valéry ruht. Georges Brassens wurde auf dem Friedhof Le Py beigesetzt. Der Mont Saint-Clair bietet zwei prächtige Aussichtspunkte: Von der Kapelle Notre-Dame-de-la-Salette reicht der Blick über die Unterstadt, die Häfen und das Meer, von Pierres-Blanches bietet sich ein schönes Panorama auf den Thau-See, den Küstendamm und die Gebirgszüge des Départements Hérault.

Oben

Karnevalsfest „Saint-Louis“ in Sète

Unten

Im Sommer findet auf dem Canal Royal in Sète jedes Wochenende ein Schifferstechen statt.

Rechts

Schleppnetzfischer auf dem Heimweg in den Alten Hafen von Sète, dem größten französischen Fischereihafen am Mittelmeer

Unten

Fröhliche Farben am Canal Royal und an den Kais de la Marine machen Sète zu einer der reizendsten Hafenstädte des Mittelmeers.

DIE VIA DOMITIA

Die älteste und mit 500 km längste jenseits der italienischen Halbinsel von den Römern in Gallien gebaute Straße verdankt ihren Namen Cneius Domitius Ahenobarbus. Nach der Niederschlagung der Region hatte der römische Prokonsul den Verlauf der geplanten Straße entworfen und ihren Bau um 120 v. Chr. in die Wege geleitet. Als Verbindungsweg, der die Alpen über die Provence und das Longuedoc-Roussillon an die Pyrenäen anschloss, spielte die Via Domitia nicht nur bis ins ausgehende Mittelalter eine bedeutende Rolle. Sie inspirierte auch die Straßenbauer der Neuzeit, die ihren vorbildlichen Verlauf für die Trasse der A9 weitgehend übernommen haben. Die dazugehörigen Einrichtungen konnten sich ebenfalls durchaus mit dem Serviceangebot heutiger Autobahnen messen. So lautete eine der Auflagen an die mit dem Bau beauftragten Ingenieure, dass unsichere Bereiche zu umgehen seien, die Straße ansonsten aber möglichst geradlinig verlaufen und in Abständen von höchstens 35 km mit Raststätten zum Essen und Übernachten ausgestattet werden sollte. So wurden die an der Via Domitia gelegenen gallischen Gehöfte wie beispielsweise das Oppidum Ambrussum (s. S. 56) zur Wegetappe ausgebaut.

Oben

In Saint-Thibéry führt eine Brücke aus der Römerzeit an der Via Domitia über den Hérault.

Unten

Cäsars Säulen heißen diese militärischen Markierungssteine bei Beaucaire.

Die Römerstraße

Das „Tiefbauwerk" setzt sich aus drei Schichten zusammen: einer unteren mit dicken Steinblöcken zur Befestigung und Entwässerung, einer mittleren Schotter- und Sandschicht und einer befahrbaren oberen Schicht aus Mörtel, Sandgemisch, Feinschotter und Kalk. Gepflastert sind lediglich die Ortsdurchfahrten und Furten. Die Straße ist 6-12 m breit und hat an den Seiten eine Spur für Fußgänger, Reiter und Viehherden. Die in Abständen von 1.481 m aufgestellten Meilensteine tragen teils den Namen des Erbauers, teils den des Kaisers, der zur Zeit der Markierung herrschte. Flussüberquerungen wurden entweder in Form von Holz- bzw. Steinbrücken oder als Furten ausgeführt. Dass einige der vor über 2.000 Jahren angelegten Straßen bis heute nahezu unversehrt erhalten sind, zeugt von der hohen Kunst der römischen Straßenbauer. ■

Rechts

Überreste der Via Domitia in ca. 1 km Entfernung von Ambrussum

Canal du Midi: eine Reise durch die Départements Aude und Hérault

Der zwischen Toulouse und dem Thau-See erbaute Canal du Midi ist zu Recht die berühmteste künstliche Wasserstraße Frankreichs. Vergleichbar mit Versailles symbolisiert das Meisterwerk von Pierre-Paul Riquet auf 240 km mit seinen 350 Ingenieurbauten die Glanzleistungen des Zeitalters unter Ludwig XIV. und ist ohne Zweifel das größte europäische Bauwerk, das als Weltkulturerbe in die Welterbeliste aufgenommen wurde. Zur Durchführung dieses von 1666 bis 1681 andauernden Titanenprojekts wurden gleichzeitig bis zu 12.000 Arbeiter benötigt. Pierre-Paul Riquet musste scheinbar unüberwindbare Hindernisse bewältigen, für die er ausgesprochen kühne technische Lösungen fand: Kanalbrücken (auch Wasserbrücken), Schleusentreppen und Tunnel. Von Toulouse kommend erreicht der Kanal bei Naurouze seinen höchsten Punkt und wird dort durch ein Staubecken, in dem die Gewässer der Montagne Noire gesammelt werden, mit Wasser versorgt. An dieser Stelle betritt er die Region Languedoc und setzt auf 190 km seinen Lauf durch

Oben links

Schatten spendende Platanen bei Paraza

Oben rechts

Die Schleusentreppe von Fonsérannes in Béziers. Privatsammlung Gilles Jérome. Aus Der Canal du Midi, erschienen im Verlag Éditions Ouest-France.

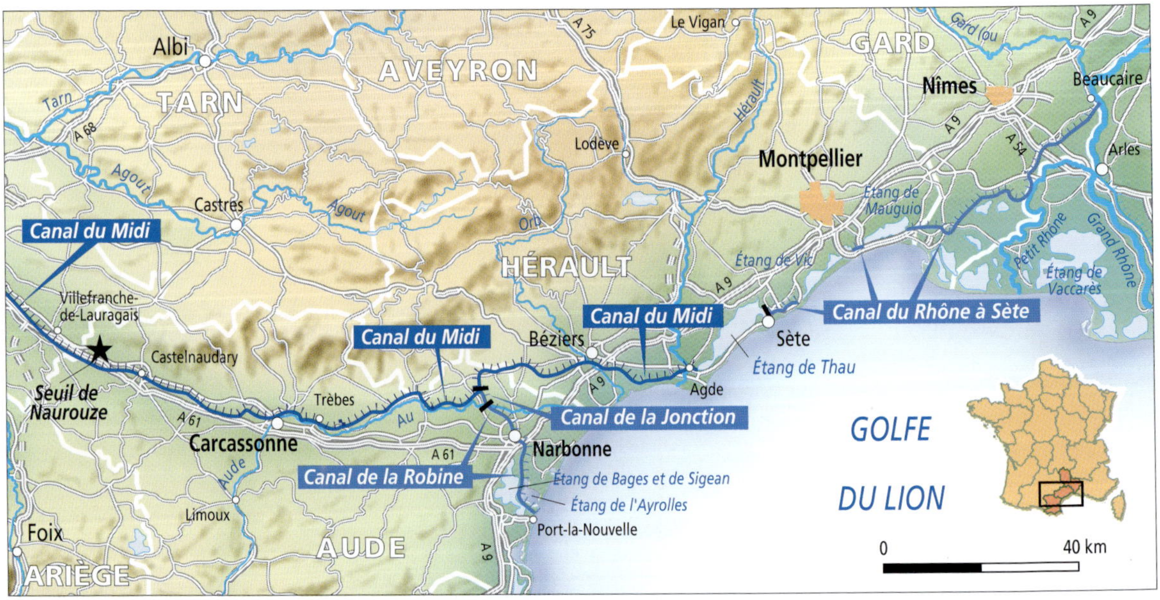

die Départements Aude und Hérault bis zum Mittelmeer fort, wofür er mit Hilfe von 48 Schleusen ganze 189 Höhenmeter überwinden muss. Die Reise längs des Kanals führt durch einige der schönsten Städte des Languedoc hindurch bzw. an ihnen vorbei. Das Angebot an entzückenden, leider oftmals verkannten Dörfern und den beeindruckenden, von Riquet entwickelten Ingenieurbauten ist groß.

Neben den bereits erwähnten Städten Castelnaudary, Carcassonne, Béziers und Agde sind die Orte Trèbes, Homps, Argens-Minervois, Paraza, Somail, Argeliers und Capestang weitere unumgängliche Etappen, von der jede auf ihre Art mit einer Burg, Templerkomturei, gotischen Kirche, romanischen Kapelle, mittelalterlichen Festungsanlage oder bischöflichen Residenz ein regelrechtes Kleinod darstellt.

Zu den umwerfendsten Ingenieurbauten von Riquet und dessen Nachfolger Vauban zählen unbestreitbar die Kanalbrücke von Trèbes über den Orbiel, das Überlaufwehr und das Aquädukt von Argentdouble in der Nähe von La Redorte, die weltweit älteste Kanalbrücke von Repudre nahe Paraza, die Kanalbrücke Cesse nahe Port-la-Robine, der Tunnel von Malpas am Fuße des Ensérune-Plateaus, die Rundschleuse von Agde sowie die kolossale Schleusentreppe von Fonséranne, die bei Béziers mit acht aufeinander folgenden Schleusen einen Höhenunterschied von 25 m bewältigt.

Oben

Der Kanal mündet in den Thau-See.

Unten

Der Hafen von Somail war vor langer Zeit Anlaufstelle für Kähne.

Das Département Lozère

Hier zwischen Margeride, Aubrac, Grands Causses und Cevennen befinden wir uns in der ehemaligen Grafschaft von Gévaudan, einer legendenreichen und rauen Naturlandschaft.

Linke Seite

Der Déroc-Wasserfall ist eines der meistbesuchten Naturschauspiele der Aubrac-Hochebene.

Immense, fast menschenleere Naturräume, Hochebenen, so weit das Auge reicht, vom Wind gepeitschte, kahl geschorene Wipfel, Wälder, in denen noch Wölfe hausen, Schluchten, über denen Geier kreisen und durch die sich die Flüsse Lot, Allier und Tarn schlängeln, Dörfer aus Granit - das Département Lozère entzückt durch atemberaubende Urwüchsigkeit und unberührte Natur, wo erfreulicherweise kaum Spuren menschlicher Zivilisation zu finden sind.

DIE AUBRAC-HOCHEBENE

Unvergleichlich und in ganz Frankreich einzigartig ist die Aubrac-Hochebene mit ihren kahlen Landstrichen, unendlich weiten Hochmooren und ihrer von Bächen durchzogenen Heide- und Weidelandschaft. Eine andere Welt, fast schon steppenartig, in der man es durchaus für möglich halten könnte, Jurten und Nomaden zu Pferd anzutreffen oder plötzlich der legendären Bestie von Gévaudan gegenüber zu stehen. Hin und wieder bezeugt ein „Buron", ein aus Stein gebauter Unterschlupf für Schäfer, dass der Mensch die Natur zwar nicht bezähmt, sich aber seiner Umwelt angepasst hat.

Unten

Weidende Kühe und Kälber der Rasse Aubrac

Hinreißend in ihrer schlichten Schönheit sind die Dörfer am „Ende der Welt" mit ihren Natursteinhäusern, flachen Steindachpfannen und kleinen romanischen Kirchen. Einige davon sind die Orte Marchastel, Faude-Peyre, Chirac, Prinséjuols und Aubrac, wo noch die Ruinen einer Abtei an jenen Mönchsorden erinnern, der Wallfahrern Unterkunft und Begleitung bot. Der Ort Nasbinals, der mit seinen 500 Einwohnern geradezu städtische Ausmaße annimmt, beherbergt eine romanische Kirche (11.-12. Jh.) mit einem wunderschönen achteckigen Kirchturm.

Mitten im Gévaudan-Gebiet liegt Marvejols, das mit 6.000 Einwohnern die Hauptstadt der Region ist. Die von wunderschönen Häusern gesäumten, alten Straßen und die allgegenwärtigen Andenken an die angeblich wolfsähnliche Bestie sind nur einige Zeugen ihrer langen Vergangenheit. Die herrlich befestigten Stadttore Chanelles, Théron und Soubeyran besitzen jeweils zwei Rundtürme und Pechnasen. In der Kirche Notre-Dame-de-la-Carce (17. Jh.) ist eine besonders verehrte Statue der Jungfrau Maria zu sehen. Zu den schönsten Schlössern des Lozère zählt in 12 km Entfernung von Marvejols das komplett in dunklem Granit gehaltene Schloss Baume in

Oben

Steppe - so weit das Auge reicht

Unten

Der See Saint-Andéol ist mit seinem 2 km langen Ufer der größte der Aubrac-Hochebene.

klassizistischem Stil, das sich den Beinamen „Versailles von Gévaudan“ verdient hat. In ca. 10 km Entfernung bietet der Tierpark Les Loups du Gévaudan interessante Einblicke in eine spannende Geschichte. Hier kann man nicht nur die etwa einhundert in bewachter Freiheit lebenden Wölfe beobachten, sondern auch Näheres zur legendären Bestie erfahren, die bestimmt kein riesiger Wolf, sondern vielmehr ein klassischer „Serial Killer“ war.

Unten
Schloss Baume, alias „Versailles des Gévaudan“

Oben
Der Wolf: symbolträchtiges Tier der Gévaudan-Region

Rechte Seite
Am Pass von Bonnecombe findet noch heute das traditionelle Viehtriebfest statt.

OZER

DIE CAUSSES-HOCHEBENEN

Mehr Schafe als Menschen bewohnen diese Karstlandschaft, die von tief eingeschnittenen, steilwandigen Tälern durchzogen wird und besonders im Winter einem extrem rauen Klima ausgesetzt ist. Zwei der insgesamt vier großen Causses liegen im Département Lozère: die durch die Felsschlucht des Tarn voneinander getrennten Hochebenen Méjean und Sauveterre. Die beiden anderen Hochebenen Larzac und Causse Noir befinden sich größtenteils im Département Aveyron.

Linke Seite

Von Wasser und Wind gemeißelt: der „Holzschuh von Malepeyre“ in der Kalkhochebene Sauveterre

Unten

In der öden und rauen Kalkhochebene Méjean leben mehr Schafe als Menschen.

Die landschaftlich weit weniger öde Kalkhochebene Sauveterre besitzt vornehmlich im Südwesten bewaldete Regionen und Ackerland. Im gleichnamigen Dorf sind noch zahlreiche Natursteinhäuser mit flachen Steindachpfannen im traditionellen Stil zu sehen. Für eine friedliche Etappe sorgt der malerische Ort La Canourgue mit seinen kleinen Kanälen, Gässchen und Passagen. Sehr sehenswert ist die Kirche Saint-Martin, ein Überbleibsel des im 7. Jh. gegründeten Klosters, um welches die Stadt entstand. In diesem Bauwerk harmonieren auf schöne Weise diverse Elemente aus der Romanik, Gotik und Renaissance.

Wüstenähnliche Verhältnisse herrschen hingegen auf der Kalkhochebene Méjean mit einer Bevölkerungsdichte von gerade mal 1,4 Einwohnern pro Quadratkilometer, womit diese im Schnitt auf 1.000 m Höhe gelegene Region etwa so „dicht“ besiedelt ist wie die Sahelzone. Markante Merkmale: einige wenige Weiler, massive Gehöfte, darunter der zu einem Freilichtmuseum umfunktionierte Bauernhof Hyelzas nahe Armand, bisweilen einige von Dolinen begrenzte kleine Äcker und eine schier unendlich weite Steppe. Zu den unumgänglichen Sehenswürdigkeiten dieser Hochebene zählen die zwei eindrucksvollen „Naturschönheiten“ Nîmes-le-Vieux, ein außergewöhnliches Felsenmeer, das von weitem einer in Trümmern gelegenen Stadt gleicht, sowie der Naturschacht Armand, ein tiefer Schlund, den man durch einen 188 m langen, schmalen Tunnel erreicht. Hier in 75 m Tiefe befindet sich eine Höhle kolossalen Ausmaßes (vergleichbar mit der Pariser Notre-Dame), die von einer Fülle an Kalksinterungen, auch „Urwald“ genannt, geziert wird.

Links
Der so genannte „Urwald“ in der Höhle des Naturschachts Armand

Oben links
Kalvarienberg in der Kalkhochebene Sauveterre

Oben rechts
Das Buffre-Wegekreuz in der Kalkhochebene Méjean

Rechte Seite
Von weitem mutet das Felsenmeer Nîmes-le-Vieux wie eine riesenhafte Stadt an.

DIE CEVENNEN-GEBIRGS-STRASSE

Die in Fels gehauene Gebirgsstraße Corniche des Cévennes schlängelt sich zwischen den beiden Wildbächen Sainte-Croix und Saint-Jean über einen Kamm und verbindet die beiden Städte Florac und Saint-Jean-du-Gard. Auf dieser zum größten Teil im Département Lozère gelegenen Strecke sind einige der beeindruckendsten Landstriche der Region zu bewundern. Die 53 km lange Route, die sich in einigen Kilometern Entfernung von Saint-Jean ins Département Gard fortsetzt, ist bequem in weniger als zwei Stunden zurückzulegen. Ihr Verlauf folgt einer sehr alten Route, die wohl bereits zur gallischen Zeit existierte, dann für den Almauftrieb genutzt und schließlich zu Beginn des 18. Jh. zu einer regelrechten

Unten

Die Gebirgsstraße Corniche des Cévennes bei Pompidou

Straße umgebaut wurde, die den königlichen Truppen bei der Unterdrückung des Kamisarden-Aufstands hilfreich war.

Ausgangspunkt der Besichtigungstour längs der Gebirgsstraße ist das friedliche Dorf Florac am Fuße der Méjean-Hochebene. Um das Flüsschen Vibron, das mitten durch den Ort fließt, bilden viele kleine Gassen mit alten, schön restaurierten Häusern und hohen Fassaden ein malerisches Geflecht. Das von zwei Rundtürmen flankierte Schloss aus dem 17. Jh. beherbergt heute den Sitz des Nationalparks der Cevennen. Südlich von Florac setzt sich die Route längs des Tarnon flussaufwärts fort und durchquert Saint-Laurent-de-Trèves. Von diesem hoch gelegenen Dorf bietet sich ein unvergesslicher Ausblick über das Tal, den Mont Aigoual und den Mont Lozère sowie auf die Hochebenen Causse Noir, Sauveterre und Méjean. Ganz in der Nähe sind in einem unter Denkmalschutz stehenden Gebiet Abdrücke von Dinosauriern zu bewundern. Hinter dem Rey-Pass mündet die Gebirgsstraße in den Can de l'Hospitalet, ein urwüchsiges Plateau aus Heide, felsigem Geröll und Schlünden. Diese Hochburg des Kamisarden-Widerstandes bietet mehrere Aussichtspunkte auf die Vallée Française, eines der schönsten Täler der Cevennen. Von hier empfiehlt sich ein kurzer Abstecher (3 km) nach Barre-des-Cévennes, einem Dorf, das mit seiner traditionellen Bausubstanz und seiner Kirche Notre-Dame-de-l'Asssomption interessante Blickfänge aufweist. Weiter auf der Gebirgsstraße längs des Kamms passiert man die bezaubernden Dörfer Pompidou und Saint-Roman-de-Tousque, fährt am tief gelegenen Borgne-Tal entlang und erreicht den Col de l'Exil-Pass, von welchem die deportierten Kamisarden einen letzten Blick auf ihre Heimat geworfen haben sollen. Ab dem Saint-Pierre-Pass beginnt schließlich die herrliche Serpentinenabfahrt bis nach Saint-Jean-du-Gard.

Oben

Typisches Landschaftsbild in den Cevennen: ein Bauernhof mit terrassenförmig angelegten Feldern

Rechts

Montjoie ist ein aufrecht stehender Stein, der Reisenden auf der Hochebene „Can de l'Hospitalet" als Wegmarke dient.

DIE FELSSCHLUCHTEN VON TARN UND JONTE

Europaweit und in ihrer Pracht wohl kaum zu übertreffen sind diese umwerfenden, in die Kalkhochebenen hinein „modellierten" Landstriche: tief eingeschnittene, steilwandige Flusstäler, von bis zu 600 m hohen Felswänden eingeschlossene Talengen, an steilen Böschungen gelegene oder in Felsvertiefungen eingebettete Bergdörfer, Burgruinen in Schwindel erregender Höhe.

Zwischen Ispagnac und Le Rozier bietet die Schlucht des Tarn auf etwa 50 km ihr beeindruckendstes Schauspiel. Ispagnac, auch „Garten des Lozère" genannt, besitzt eine der schönsten romanischen Kirchen der Region, gotische Häuser und Überreste eines Schlosses. Weiter flussabwärts reiht sich eine Sehenswürdigkeit an die andere, so die Quézac-Brücke (14. Jh.), die Schlösser Rocheblave und Charbonnières (16. Jh.), das Dorf Castelbouc mit seinen auf einem Gebirgsvorsprung gelegenen Schlossruinen sowie die an einer steilen Böschung errichtete Prades-Festung. In einer engen Passage der Schlucht strahlt das Dorf Sainte-Énimie mit einer Kirche aus dem 12. Jh., Klosterruinen und gepflasterten Gassen mittelalterliches Ambiente aus. Es folgen Saint-Chély-du-Tarn am Fuße steiler Felsen, Pougnadoires, dessen Häuser stufenförmig an den Hangen eines Talkessels liegen, La Malène, ehemaliger Knotenpunkt der Wanderschäfer, der von dem massigen Fels La Barre überragt wird, die Flussenge Les Détroits, ein regelrechter Korridor, der zwischen zwei 400 m hohen Felswänden hindurch führt, und der Talkessel Cirque des Baumes mit seinen imposanten Felsfor-

Oben
Der Gänsegeier konnte erfolgreich wieder eingeführt werden, nachdem er zu Beginn des 20. Jh. in dieser Region ausgestorben war.

Unten
Meyrueis am „Eingang" zur Schlucht des Flusses Jonte.

Unten
Sainte-Énimie, die „Hauptstadt" der Tarn-Schlucht

Links

Das Dorf Castelbouc

Unten

Beginn der Tarn-Schlucht in Le Rozier

mationen. Auch wenn sich zwischen Les Vignes und Rozier die Schlucht weitet, so bleiben doch die steilen Felsen, Talkessel und mit Ruinen gezierten Felsvorsprünge spektakuläre Augenweiden. Auf der gesamten Strecke sorgen Aussichtspunkte für atemberaubende Panoramen, darunter der zu Recht berühmteste Point Sublime, der einen wunderschönen Ausblick auf den Talkessel Baumes bietet.

Mit ca. 20 km ist die Schlucht des Jonte zwar nicht ganz so lang und imposant, aber mindestens genauso prächtig. Von Meyrueis, einem malerischen Ort mit alten Festungsfragmenten, kleinen Gässchen und alten Häusern, erreicht man den Weiler Les Douzes, der von dem Saint-Gervais-Felsen überragt wird, auf welchem sich eine romanische Kapelle befindet. Etwas weiter überrascht das entzückende, winzige Dorf Truel. Flussabwärts von hier sollte man nicht versäumen, am Aussichtspunkt Les Terrasses die umwerfende Aussicht zu genießen und die dort vor etwa 30 Jahren wieder eingeführten Gänsegeier zu beobachten.

MENDE

Die an der Grenze zwischen der Auvergne und dem Languedoc gelegene Präfekturstadt des Départements Lozère macht nur wenig von sich reden. Schade eigentlich, denn das reizende Städtchen besitzt ein wirklich schönes Kulturgut in idyllischer Atmosphäre.

Ihren Reichtum ab dem hohen Mittelalter und ihre Rolle als Hauptstadt des Gévaudan hat die Stadt ihrer bevorzugten Lage am Knotenpunkt der Handelsstraßen zwischen Languedoc und Auvergne zu verdanken. Im 9. Jh. wurde sie Bistum, und im 12. Jh. erwirkten die Bischöfe vom König die zeitlich begrenzte Macht über die Stadt, die sie bis zur Französischen Revolution behalten sollten. Die Kathedrale entstand jedoch erst ab 1369 mit der Unterstützung des aus der Region stammenden Papstes Urban V. Während der Religionskriege fiel sie protestantischer Zerstörungswut zum Opfer und wurde im darauf folgenden Jahrhundert originalgetreu wiederaufgebaut. Die Altstadtviertel mit ihren gepflasterten Gassen, die Büßerkapelle und das der Sakralkunst gewidmete Museum, der

Unten

Die Kathedrale Notre-Dame-et-Saint-Privat in Mende

Unten

Im Margeride-Massiv leben Pferde in bewachter Freiheit.

Links

Die Notre-Dame-Brücke in Mende

Unten

Die Bestien-Legende bot der volkstümlichen Fantasie einen idealen Nährboden.

Auriac-Turm als Überbleibsel der ehemaligen Festungsanlage, die Synagoge aus dem 13. Jh., die im 12. Jh. über dem Lot errichtete Brücke Notre-Dame – einfach alles prädestiniert die Stadt Mende dazu, in die Liste der kunstgeschichtlich bedeutenden Städte Frankreichs als „Ville d'art" aufgenommen zu werden. Besondere Beachtung verdient die Kathedrale Notre-Dame-et-Saint-Privat mit ihren zwei hohen, asymmetrischen Kirchturmspitzen und einem Mobiliar, das einige regelrechte Prachtexemplare aufweist, wie beispielsweise eine vermutlich von Kreuzfahrern aus dem Heiligen Land mitgebrachte schwarze Madonna.

La Margeride

Über Mende erreicht man das herrliche Granitmassiv Margeride, das mit grandiosen Landschaftsbildern aufwartet: verlassene Hochebenen, dichte Wälder, einige wenige Dörfer, die sich in dieser immensen, menschenleeren Weite verlieren. Ein Land ganz nach dem Geschmack des europäischen Bisons, der in einem Naturpark bei Sainte-Eulalie-en-Margeride in bewachter Freiheit lebt. Sehenswert ist die Schlucht des Flusses Truyère, die nur zu Fuß oder mit dem Mountainbike zugänglich ist, sowie das bezaubernde Dorf Châteauneuf-de-Randon, in dem Du Guesclin den Tod fand. ■

Die Bestie von Gévaudan

In den Jahren 1764 bis 1767 sorgte ein vermeintliches Ungeheuer für Furcht und Schrecken im Gévaudan. Die Chronik berichtet von 250 überwiegend an Frauen und Kindern verübten Übergriffen, 101 Todesopfern und 70 Verletzten, meist fürchterlich zugerichtet. Wer war der Täter? Ein tollwütiger Wolf, ein Luchs oder ein Raubtier aus fernen Landen? Oder, wie der Klerus nahe legte, gar ein von Gott zur Bestrafung gesandter Werwolf? Nachdem Wolffänger und -jäger vergeblich zur Treibjagd ausgerückt waren, entsandte König Ludwig XV. 1765 eine vierzigköpfige Einsatztruppe unter Leitung seines Arkebusenträgers Antoine de Beauterne, der einen riesigen Wolf erlegte. Mehrere Wochen lang herrschte Ruhe und die Region wähnte sich erlöst, doch dann ging das blutige Morden erneut los, bis im Juni 1767 ein zweiter großer Wolf den geweihten Kugeln des Försters Jean Chastel zum Opfer fiel. Hatte die Bestie erneut zugeschlagen? Vermutlich, denn die Angriffe hörten ebenso plötzlich auf, wie sie begonnen hatten. Auf der Suche nach Erklärungen schickte man die Leichname der getöteten Wölfe zur Untersuchung nach Paris. Bei ihrer Ankunft in der Landeshauptstadt waren die sterblichen Hüllen der Tiere aber bereits so verwest, dass sie nicht mehr mit Sicherheit identifiziert werden konnten. Noch lange Zeit später ging die Legende um, die Bestie sei in Wirklichkeit ein teuflischer Psychopath gewesen, der seine Morde geschickt als Übeltaten von Raubtieren zu tarnen gewusst habe. ■

MARVEJOLS

Marvejols, einst Hochburg der Grafen von Toulouse, war lange Zeit die Rivalin von Mende, musste den vorübergehenden Titel Hauptstadt des Gévaudan später jedoch wieder an diese abgeben. Erst im 12. Jh. wurde die Stadt Krondomäne und blieb im Gegensatz zu der vom Bistum verwalteten Nachbarstadt stets direkt den französischen Königen unterstellt. Während der Religionskriege schlug Marvejols sich auf die Seite der Hugenotten und wurde von den Truppen des katholischen Herzogs von Joyeuse entsprechend verwüstet. Dabei kamen Dreiviertel der Einwohner um, die Stadt wurde in Schutt und Asche gelegt, ihre Festungsanlagen zerstört. Heinrich IV. ließ Marvejols 1601 wieder aufbauen und zur protestantischen Sicherheitszone ausrufen. Die Aufhebung des Edikts von Nantes und der sich anschließende Kamisarden-Krieg trieb zahlreiche Einwohner der Stadt ins Exil. Wer blieb, musste seinen Glauben verleugnen. Wer dies nicht tat, kam entweder ins Gefängnis oder wurde hingerichtet. Doch trotz seiner bewegten Geschichte hat Marvejols bis heute ein eindrucksvolles Aufgebot an historischen Bauten, die ihren Reiz als Kunst- und Geschichtsstadt ausmachen: die Kirche Notre-Dame-de-la-Carce (17. Jh.), die von alten Häusern gesäumten Straßen und Plätze des autofreien Stadtzentrums und die drei befestigten Stadttore Soubeyran, Théron und Chanelles mit Pechnasen und Steinziegeldeckung.

Oben

Die Statue Notre-Dame-de-la-Carce in der gleichnamigen Kirche

Links

Das Chanelles-Stadttor in Marvejols

MONT AIGOUAL UND MONT LOZÈRE

Wie zwei Wachposten ragen die beiden Berge aus dem Nebel und trotzen Wind und Wetter.

Mit 1.567 m ist der Mont Aigoual der höchste Punkt der Cevennen, der von Espérou, Le Vigan, Meyrueis oder Valleraugue aus zu erreichen ist. Der Aufstieg führt durch umwerfende Landschaften. Unter den Wanderwegen entlang der Hänge verdient der Wanderweg der „4.000 Stufen" ebenso Beachtung wie der 1 km lange, um den Gipfel herum führende Botanikerpfad, der das Arboretum Hort de Dieu durchquert. Vom Gipfel reicht der Ausblick vom Mittelmeer bis zu den Alpen.

Der Mont Lozère, wegen seines kahlen Gipfels auch Mont Chauve genannt, erreicht an seiner höchsten Stelle 1.699 m. Die markantesten Landstriche und Dörfer dieser Bergregion liegen längs der großen Wanderroute GR 7, einem vormals für den Almauftrieb zum Margeride-Massiv genutzten Pfad. An den Hängen des Bergs und seinen Ausläufern sind entzückende Weiler zu besichtigen. Einige Beispiele sind das Dorf La Fage, dessen „Sturmglocken" verirrten Reisenden Orientierungshilfe boten, sowie die entzückenden Dörfer Saint-Julien-de-Tournel und Pont-de-Montvert mit dem „Maison du Mont Lozère". Eine fast schon unheimliche Stimmung herrscht auf dem Menschen verlassenen Plateau Cham des Bondons, auf dessen felsiger Bergkuppe Puech Hunderte von Menhiren verstreut liegen.

Unten
Wetterstation auf dem Gipfel des Mont Aigoual

Oben
Formvollendete Hänge des Mont Lozère

Unten
Ein Menhir auf dem Plateau Cham des Bondons

Der Nationalpark der Cevennen

Der 1970 gegründete Nationalpark erstreckt sich inmitten der Cevennen über eine Fläche von 91.500 ha (80 % liegen im Département Lozère, 20 % im Département Gard). Eingekreist wird der Park durch ein 235.000 ha großes Randgebiet. Als einziger bewohnter Nationalpark Frankreichs beherbergt er etwa 600 dauerhaft ansässige Einwohner, die in 52 Gemeinden leben. Der Park umfasst die Berge Aigoual, Lozère und Lingas, die Vallée Française sowie das Longue- und das Borgne-Tal, die Kalkhochebene Méjean und das Bougès-Massiv . Im Jahre 1985 erklärte die UNESCO den Park zum Biosphärenreservat.

Die Entscheidung war gerechtfertigt, da die Region seit dem 19. Jh. weitgehend von intensiver landwirtschaftlicher Nutzung verschont blieb, und der Rückgang der Agraranbauflächen in den letzten Jahrzehnten die Ausbreitung von Wald und Heide und eine in Europa seltene Artenvielfalt gefördert hat. So vielfältig die Landschaften und Biosphären - Wälder, Heide, Steppen, Wiesen, Flüsse und Wildbäche auf Granit-, Kalk- und Schieferböden -, so zahlreich sind die darin lebenden Tierarten wie Hirsche, Biber, Mufflons, Fischotter, Adler, Geier und Auerhühner. Rund die Hälfte aller in Frankreich lebenden Wirbeltierarten kommt hier vor. Dass die bäuerliche Wohnform in ihrer Ursprünglichkeit erhalten werden konnte, dürfte ebenfalls auf den Rückgang der Bevölkerungsdichte zurückzuführen sein. So wird das perfekt in die Landschaft und die schützenden Gebirgsreliefs integrierte typische Cevennenhaus bis heute aus heimischen Baustoffen - Kalkstein aus den Causses, Granit vom Mont Lozère und Schiefer aus den protestantischen Cevennen - gebaut. Praktische Informationen zum Nationalpark gibt es in Schloss Florac. ■

Linke Seite oben

Typisches Landschaftsbild im Nationalpark der Cevennen

Linke Seite unten

Auf dieser Gesamtansicht von Florac ist das Schloss mit den Rundtürmen zu erkennen, in dem heute das Maison du Parc untergebracht ist.

Unten

Restaurierte Scheune am Mont Lozère im Nationalpark

PONT-DE-MONTVERT

Dass das ruhige Städtchen einst Mittelpunkt der blutigen Niederschlagung des Kamisarden-Aufstands war, kann man sich angesichts der friedvollen Kulisse seiner im Tarn sich spiegelnden alten Häuser nur schwer vorstellen. Die malerischen Gässchen laden zum Nachdenken über das Nebeneinander von katholischer und protestantischer Sakralkunst und die einst nicht eben friedliche Koexistenz beider Religionen ein. Bewundernswert ist die scheinbar schwebende Brückenkonstruktion mit seitlichem Uhrturm. Vor dieser Kulisse wurde einst der Abt von Chayla mit vierundfünfzig Messerstichen umgebracht. Keinesfalls entgehen lassen sollte man sich einen Besuch im Ökomuseum des Mont Lozère, wo es mehr über die unwirtliche Natur der Cevennen und den ausgeprägten Unabhängigkeits- und Freiheitsdrang ihrer Bewohner zu erfahren gibt.

Oben

Von dieser Brücke wurde der erdolchte Abt von Chayla in den Tarn geworfen.

VILLEFORT AM SEE

Das in 500 m Höhe am Fuß der Ausläufer des Mont Lozère gelegene Villefort ist ein bescheidenes, aber sehenswertes Städtchen, dessen mit schmucken Türschwellen und Wappen gezierte Häuserfassaden aus dem 14. und 15. Jh., Waschhaus und Saint-Jean-Brücke den Umweg wert sind. Unumstrittene Hauptattraktion jedoch ist der 137 ha große Stausee, dem der Ort seinen Namen verdankt. Wassersportler kommen hier ebenso auf ihre Kosten wie diejenigen, die eine Vorliebe für Naturlandschaften von wilder Schönheit haben.

Rechts

Der von Menschenhand angelegte Strand tut der rauen Naturschönheit des Sees keinen Abbruch.

Der Kamisardenkrieg

Die unwirtlichen, aufmüpfigen Cevennen haben sich nur widerwillig der staatlichen und kirchlichen Macht untergeordnet. So widersetzte sich das Languedoc im Mittelalter nicht nur der mit Gewalt aufgezwungenen weltlichen Autorität der Monarchen, sondern mit Arianismus, Waldensertum und Katharismus und anderen Formen der Ketzerei lange Zeit auch der geistlichen Vorherrschaft der katholischen Kirche. Kein Wunder also, dass die Reformation im 16. Jh. hier starken Zulauf fand. Entsprechend gnadenlos war die Niederschlagung durch die Katholiken, die sich in Mende, La Canourgue und Marvejols zu regelrechten Blutbädern hinreißen ließen. Nach einer vorübergehend wenn nicht toleranten, so doch friedlichen Phase entflammte die Aufhebung des Edikts von Nantes durch Ludwig XIV. im Jahre 1685 erneut die Region. In Pont-de-Monvert schwang der blutrünstige Abt von Chayla sich zum Großinquisitor auf, ließ dragonieren, foltern, verhaften, erhängen, verhängte Galerenstrafen und erregte mit seinen Gräueltaten einen derartigen Hass, dass er 1702 selbst von einem gewissen Esprit Séguier ermordet wurde. Dies war der Auftakt zum Kamisardenkrieg, der seinen Namen den „Camisades" genannten weißen Hemden der Aufständischen verdankt. Die kannten die Region wie ihre Westentasche und setzten den völlig desorientierten königlichen Truppen mit Überraschungsangriffen aus dem Hinterhalt und anderen Mitteln des Partisanenkriegs zu. Vor der Unmöglichkeit eines militärischen Siegs organisierte Marschall de Montrevel daraufhin einen „Grand Breulement des Cévennes" genannten Rachefeldzug, bei dem Dörfer, Gehöfte, Bauernhöfe, Scheunen und Ernten durch Brand zerstört und die Bewohner in eine Handvoll befestigter Städte zwangsumgesiedelt bzw. bei Verdacht auf Unterstützung der Rebellen scharenweise ermordet wurden. Die gefangenen Kamisarden ihrerseits wurden systematisch hingerichtet. Den Frieden handelte schließlich Marschall de Villars im Mai 1704 aus. Ein Teil der Aufständischen musste sich ergeben. Im Gegenzug wurden Generalamnestie, auf den Privatbereich beschränkte Religionsfreiheit sowie Entschädigungen für die Besitzer der durch Brand zerstörten Häuser zugesprochen. Viele Rebellen verweigerten jedoch die Kapitulation, und eine relative Form von Frieden kehrte erst ab 1705 ein. Da de Villars seine Versprechungen jedoch nicht einhielt, kam es in der ersten Hälfte des 18. Jh. immer wieder zu Aufständen und Kämpfen, die aber nie wieder so heftig sein sollten wie die von 1702-1705. ■

Die Pilgerpfade nach Santiago de Compostela

Jahrhunderte lang zog die berühmteste aller Wallfahrten Hunderttausende, ja Millionen von Gläubigen aus ganz Europa in ihren Bann. Angesichts des seit dem 18. Jh. fortschreitenden Rückgangs des christlichen Glaubens und der infolge dessen rückläufigen Besucherzahlen am Grab des Apostels mutet es daher umso seltsamer an, dass die moderne Variante des Pilgers, der Wanderer, seit einigen Jahrzehnten den Weg ins galizische Santiago de Compostela für sich entdeckt hat. Die meisten seiner Artgenossen kommen heutzutage jedoch weniger aus Glaubensgründen als wegen der schönen Landschaften, die es auf dem Weg dorthin zu bewundern gibt. Die vier durch Frankreich verlaufenden Strecken, die auf der spanischen Seite der Pyrenäen in eine gemeinsame, Camino francés genannte Route mündeten, waren die Via Turonensis ab Paris, die Via Lemovicensis ab Vézelay, die Via Podensis ab Puy-en-Velay und die Via Tolosana ab Arles. Letztere führt auf ihrem Weg zum Somport-Pass über die durchgehend markierte aktuelle Wanderroute GR 653 durch die Städte Montpellier, Toulouse, Auch und Pau. Hauptetappen ihres durch das Longuedoc verlaufenden östlichen Teils sind die Städte Saint-Gilles, Montpellier, Saint-Guilhem-le-Désert, Lodève, Lunas, Saint-Gervais-sur-Mare, Murat-sur-Vèbre und La Salvetat-sur-Agout. Und da so mancher Pilger gern eigene Wege jenseits der ausgetretenen Pfade ging, um diesem oder jenem Heiligen zu huldigen, hatte die Via Tolosana im Languedoc-Roussilon zahlreiche Varianten, die ein engmaschiges Wegenetz bildeten und heute größtenteils GR-Wanderwege sind. Mit ihren zahlreichen Klöstern, einst zu Schlafsälen umfunktionierten Kirchen, Krankenhäusern, Leprastationen und sonstigen Zufluchtstätten für Pilger sind sie ideal, um die Region zu erkunden. Auskunft unter www.chemins-compostelle.com und www.gr-infos.com ■

Wanderungen durch das Département Lozère

Sollte man ein Wanderparadies zwischen vielen auswählen müssen, dann wohl diese fast menschenleeren, hochgelegenen Regionen des Départements Lozère. Auf seiner Route durchstreift der Wanderlustige die Aubrac-Hochebene, das Margeride-Massiv, die Cevennen und die unter der Bezeichnung Causses bekannten Kalkhochebenen. Diese seit Urgedenken unveränderten Landstriche wurden lediglich von Wallfahrern auf ihrem Weg nach Santiago de Compostela und Wanderschäfern durchquert. Die großen Wanderrouten GR 6 und 7 durchziehen das Gebiet von Nord nach Süd. Auf der Aubrac-Hochebene hat man die Wahl zwischen der Wanderroute GR 65, die einem Pilgerpfad nach Santiago de Compostela folgt, und dem „Tour de l'Aubrac" genannten Plateau-Rundweg. Die Wanderroute GR 66 führt durch das Aigoual-Massiv, die Route GR 68 über den Mont Lozère, die Route GR 67 durch die Cevennen. Die Erkundung der Kalkhochebenen Méjean und Sauveterre ist durch die Kombination der beiden Wanderstrecken GR 6 und 60 möglich. ■

Linke Seite und unten

Auf dem Aubrac-Hochplateau werden die einst für den Viehauftrieb angelegten Pfade heute von Wanderern benutzt.

Oben

Ob aus Frömmigkeit oder einfach nur aus Freude an der Natur - die Pilgerwege nach Santiago de Compostela locken Jahr für Jahr immer mehr Wanderer.

Das Département Pyrénées-Orientales

Mit seiner ausgeprägten Identität ist das Département Pyrénées-Orientales beinahe schon ein Land für sich, das die Erinnerung an seine weit zurückliegende Zugehörigkeit zum katalanischen Königreich bewahrt hat. Es ist von einer ganz eigenen Kultur geprägt, die fast nichts mit der des Languedoc gemein hat.

Linke Seite

Leucht- oder Kirchturm? Die Kirche Notre-Dame-des-Anges in Collioure

„Es gibt keine Pyrenäen mehr", lautete der Kommentar Ludwigs XIV. nach dem Abkommen von 1659. Die Pyrenäen existierten sehr wohl in den Köpfen der französischen und spanischen Katalanen, jedoch nicht als Grenze sondern vielmehr als Verbindungsglied. In diesem Landstrich ist das kulturelle und landschaftliche Aufgebot schier unermesslich: die Gipfel der Massive Canigou und Carlit, die Hochebenen Cerdagne und Capcir, die Täler Conflent und Vallespir, die Anhöhen Aspres und Fénouillèdes, die zahlreichen Buchten und Häfen an der Côte Vermeille, Schlösser, Abteien und nicht zuletzt malerische alte Dörfer und Städte, die aufgrund ihres reichhaltigen Kulturguts die Auszeichnung „Villes d'art" erhielten.

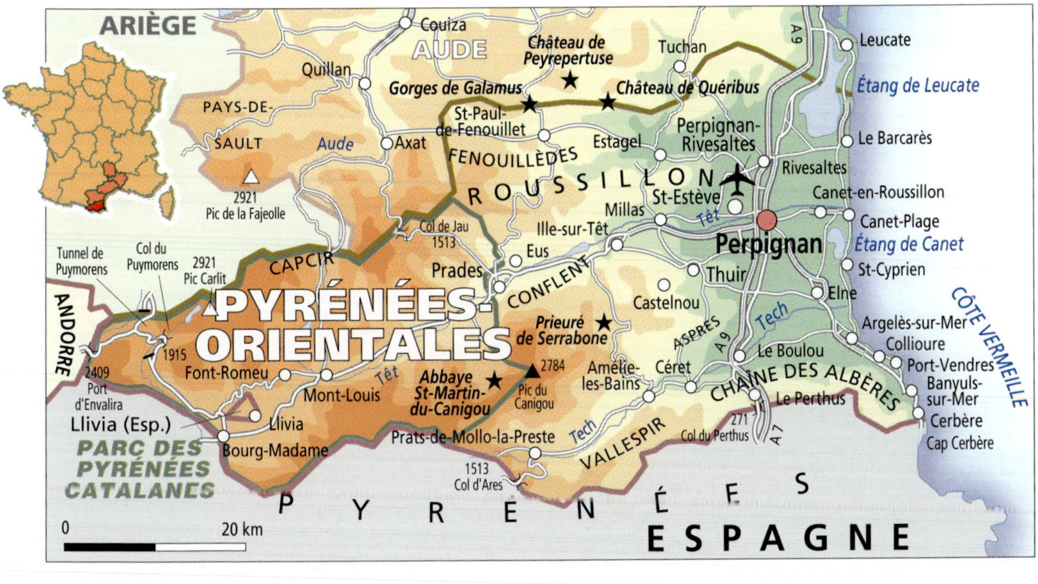

MONT CANIGOU

Lange Zeit galt der Gipfel des Mont Canigou als höchster der Pyrenäen. Es sei dahin gestellt, ob dieser Irrtum auf einen kartographischen Fehler zurückzuführen ist. Jedenfalls genießt das Canigou-Massiv in den Augen der Katalanen das Ansehen eines heiligen Gebirges, das über die Grenzen hinweg die kulturelle katalanische Einheit symbolisiert. So treffen jedes Jahr auf dem Gipfel des Mont Canigou französische und spanische Katalanen ein, um gemeinsam das Feu de la Saint-Jean-Fest zu feiern. Der drei- bis vierstündige Auf- und Abstieg macht unter günstigen klimatischen Bedingungen kaum Schwierigkeiten. Von seinem 2.784 m hohen Gipfel bietet sich ein atemberaubender Ausblick auf die Bergspitzen der Pyrenäen, auf das Weingebiet Les Corbières, die am Nordhang der Pyrenäen gelegene Region Les Albères und die Gipfel der Costa Brava.

Unten

Vernet-les-Bains am Fuße des für die Katalanen heiligen Mont Canigou

CASTELNOU

Castelnou zählt mit seinen im Sonnenlicht herrlich goldglänzenden Steinen gewiss zu den schönsten Dörfern des Roussillon. Die Besichtigung des Ortes beginnt mit der Festungsmauer, die durch ein von zwei Türmen flankiertes Stadttor Einlass bietet. Hinter den Mauern weht ein Hauch von Ursprünglichkeit: gepflasterte Gassen mit Stufenaufgängen, malerische schmale Häuser und Handwerksstätten. Auf der Anhöhe, die das entzückende Dorf überragt, erhebt sich aus einem dicht bewaldeten Park ein Schloss aus dem 10. Jh. - ein wirklich einzigartiger Ort von begnadeter Schönheit.

Thuir

In 6 km Entfernung von Castelnou liegt Thuir, die kleine Hauptstadt des Landstrichs Les Aspres. Neben dem mittelalterlichen Altstadtviertel und der Kirche Notre-Dame, in welcher eine außergewöhnliche Madonna aus dem 12. Jh. zu sehen ist, sollte man unbedingt den Weinkeller Byrrh besichtigen. Hier werden zahlreiche bekannte Aperitif-Getränke hergestellt, darunter natürlich auch der aus süßlichem Wein und Chinarinde hergestellte „Byrrh". Von beeindruckender Statur ist das angeblich größte Weinfass der Welt mit einem Fassungsvolumen von 1 Million Litern. ■

Oben

Bilderbuchidylle: das Dorf Castelnou

Mitte

Beeindruckende Schlichtheit: die Chapelle de la Piétat in Thuir

Unten

Eine Million Liter fasst das weltweit größte Weinfass, das im Byrrh-Weinkeller zu sehen ist.

COLLIOURE

Dieser entzückende kleine Fischereihafen mit seiner Jahrhunderte alten Anschovistradition zog zahlreiche berühmte Maler wie Matisse, Derain, Braque und Picasso in seinen Bann. Kein Wunder, denn dieser bezaubernde Ort zwischen Meer und Bergen zählt zu den schönsten der Côte Vermeille. Steile, mit Kieselsteinen gepflasterte Gässchen und rosafarbene Häuserfassaden im Mouré-Viertel, bemalte Barken im alten Hafen, auf den Piers trocknende Fischernetze und Sonnenlicht von unerhörter Reinheit - zu den unwiderstehlichen Reizen des Städtchens Collioure gehört nicht nur sein fröhliches Ambiente, sondern auch seine exquisite Auswahl an Bauwerken. Das Château Royal beispielsweise, das zu Beginn des 14. Jh. von den Königen Mallorcas erbaut und im 17. Jh. von Vauban befestigt wurde, oder die Kirche Notre-Dame-des-Anges (17. Jh.), für deren runden Kirchturm der ehemalige Leuchtturm der Stadt herhalten musste. In dieser Kirche befinden sich überraschend viele Kunstschätze wie beispielsweise neun Altaraufsätze im katalanischen Barockstil. Für eine zugleich spielerische, sinnliche und lehrreiche Erkundung der Stadt sorgt der ausgeschilderte Pfad Chemin du Fauvisme, den zwanzig Reproduktionen interessanter Gemälde von Derain und Matisse säumen. Die Kunstwerke befinden sich genau an der Stelle, an der sie gemalt wurden.

Das Umland von Collioure

Im Süden locken Collioure, Port-Vendres und Banyuls. Port-Vendres entzückt durch seinen durch und durch spanischen Charme und belebte Kais, Banyuls bezaubert durch seine Altstadtviertel mit bunten Häusern, seine Weinkeller, in welchen der berühmte heimische Wein heranreift, und den Maillol-Bauernhof, auf dem der namhafte Bildhauer, einer der größten des 20. Jh., arbeitete und starb. ■

Oben

Am Fuße des Schlosses der Könige von Mallorca beginnt im Fischereihafen Collioure einer der schönsten und abwechslungsreichsten Küstenstreifen des Mittelmeers.

Unten

In Banyuls altern die Weinfässer unter freiem Himmel.

ELNE

Diese ehemalige iberische und später römische Stadt war mehr als 1000 Jahre hindurch Bischofssitz und Hauptstadt des Roussillon, bevor ihr diese Rolle im Jahre 1602 durch Perpignan streitig gemacht wurde. Ihr Name geht auf Helena, die Mutter des Kaisers Konstantin, zurück. Die Stadt wird vollständig von Festungsmauern eingeschlossen, die einen herrlichen Ausblick auf das Umland bieten. Mit der Kathedrale Sainte-Eulalie besitzt der Ort ein bemerkenswertes romanisches Gebäude, das aufgrund seiner strengen Fassade, wenigen Öffnungen und gezackten Türme schon eher einer Festung gleicht. Das Mobiliar der Kathedrale setzt sich aus einigen wunderschönen Stücken zusammen, darunter ein Altaraufsatz aus dem 14. Jh. und ein Altar aus dem 11. Jh. Der angrenzende, ausgesprochen gut erhaltene Kreuzgang aus dem 12. Jh. und 14. Jh. besitzt Kapitelle, die zu den Meisterwerken der mittelalterlichen Bildhauerkunst gezählt werden können.

EUS

Schönstes Dorf Frankreichs? In den Augen der Einwohner mit Sicherheit.
Jedenfalls kann niemand ernsthaft in Frage stellen, dass es an höchster Stelle in der Rangliste der schönsten Dörfer Frankreichs einzustufen ist. Der an einem sonnigen Hang gelegene Ort an der „Einfahrt" zur Conflent-Region wurde in seiner Ganzheit zum Baudenkmal erklärt. Atemberaubende Gebirgskulisse, Festungsmauern, malerische Häuser, romanische Kirche: Diesem entzückenden Kleinod fehlt es wirklich an Nichts.

Die Heilbäder

Im Département Pyrénées-Orientales gibt es viele Heilbäder, darunter sogar einige, die seit gallisch-römischer Zeit aufgesucht werden. Der Kurort Molitg-les-Bains in 6 km Entfernung von Eus zählt gewiss zu den bezauberndsten. Er wird von den Ruinen des Schlosses Paracollis überragt und besitzt eine schöne romanische Kirche. ■

Unten

Die Kathedrale Sainte-Eulalie von Elne: Bildhauerkunst an den Kapitellen

Oben rechts

Das Dorf Eus: Kleinod der Region Conflent

Font-Romeu auf der Cerdagne-Hochebene

Sportamateuren ist der Name Font-Romeu gewiss ein Begriff, denn dieser Ort bietet Hochleistungssportlern für die Vorbereitung auf Wettkämpfe ideale klimatische Bedingungen. Von Bergen eingerahmt wartet die Cerdagne-Hochebene in der Tat mit zahlreichen Trümpfen auf: Höhenlage von durchschnittlich 1.200 m, jährliche Sonnenbestrahlung von mehr als 3.000 Stunden, reine Luft und unberührte Natur - kurz, das Wandererparadies auf Erden für alle sportlichen Aktivurlauber, die nicht nur Stippvisiten, sondern vielleicht einen längeren Aufenthalt mit kultureller Dimension im Auge haben. Eine romantische Art, die Cerdagne-Hochebene zu erkunden, ist die Fahrt mit dem „Train Jaune“ getauften Bummelzug (s. S. 138). Sie führt durch atemberaubende Landstriche, Wälder und Felsenmeere, an Seen und Wildbächen vorbei, durch schmale Täler und malerische Dörfer wie Dorres, Eyne, Llo und Planès mit Kirche von kleeblattförmigem Grundriss sowie Llivia, eine in Frankreich „vergessene“ spanische Enklave. Highlights auf dieser Besichtigungstour sind der weltweit größte Sonnenofen in Odeillo sowie die Mont-Louis-Festung, ein Werk von Vauban, dessen Festungsmauern so unversehrt sind, dass sie fast schon nagelneu wirken (s. S. 129).

Rechts

Skipiste am Roc de la Calme in Font-Romeu

Oben

Die Cerdagne-Hochebene

Oben

Der Sonnenofen in Odeillo

GALAMUS

Toll, berauschend, einmalig - welcher Superlativ beschreibt die Galamus-Schlucht am besten? Man stelle sich einen rasant abfallenden Engpass vor, in dessen unendlicher Tiefe, mitten in einem Felsenmeer, ein Wildbach daher braust. Dazu eine Eremitage nebst Kapelle, die auf einem winzigen Gebirgsvorsprung an der Felswand zu kleben scheint und die nur über eine unterirdische Treppe zu erreichen ist. An diesen Ort zogen sich ab dem 6. oder 7. Jh. Einsiedler zurück. Nicht ganz abwegig scheint hier die Annahme, dass der Glaube, der ja bekanntlich Berge versetzt, auch Schwindelanfälle zu heilen vermag.

Rechts

Am Rand des Abgrunds: die Eremitage von Galamus

L'Ille-sur-Têt

Liebe auf den ersten Blick. Wie sollte man auch vor soviel Anmut ungerührt bleiben: gut erhaltener mittelalterlicher Stadtteil, Festungsfragmente, barocke Kirche und das Saint-Jacques-Hospiz, in dem erstaunlich umfangreiche Sakralkunstsammlungen ausgestellt sind. Aber L'Ille-sur-Têt ist vor allem für seine „Orgues", ein in den Pyrenäen einzigartiges geologisches Gebiet, bekannt. Hier, vor dem Hintergrund des Canigou-Gipfels, zeichnen durch Erosion geschaffene Felskamine ihre bizarren Formen in den Himmel.

Links

Die „Orgues" von L'Ille-sur-Têt vor dem Hintergrund des Canigou-Gipfels

Rechte Seite oben

Das „Tor Frankreichs" in Mont-Louis

Rechte Seite unten

Eine Warte an der Stadtmauer von Mont-Louis

MONT-LOUIS

Vauban, bedeutendster Architekt militärischer Baukunst der französischen Geschichte, ließ im 17. Jh. über dreihundert befestigte Orte im gesamten Königreich umbauen bzw. restaurieren und neun komplett neue Wehranlagen errichten, von denen sieben bis heute nahezu unversehrt sind. Eine von ihnen ist Mont-Louis und so gut erhalten, dass sie zur Eintragung in das Weltkulturerbe vorgeschlagen wurde. Die nach Abschluss des Pyrenäen-Vertrags in 1.659 bis 1.600 m Höhe - und damit landesweit höchste - zur Überwachung der spanischen Grenze errichtete Festungsstadt ist ein „absolut einzigartiges Monumentalbauwerk, dessen Mauern und Hügel ebenso unversehrt sind wie die innerhalb der Mauern befindliche, im Originalgrundriss erhaltene Stadt mit großer Abdachung vor der eigentlichen Zitadelle“ (aus: *Monuments Historiques*, Oktober 2002). Letztere, ein polygonales Bauwerk, dominiert die rund herum mit Wällen befestigte Stadt, deren schachbrettartiger Grundriss aus acht Straßen besteht. Die Festung Mont-Louis macht auf relativ kleiner Fläche so nicht nur das architektonische Genie ihres Schöpfers deutlich, sie hat auch eine stattliche Kirche aus dem 18. Jh. und einen per „Eichhörnchenrad“ betätigten Sträflingsbrunnen, von dem es in ganz Frankreich nur zwei weitere Exemplare gibt.

REGIONALPARK KATALANISCHE PYRENÄEN

Der im März 2004 eröffnete Regionalpark ist die neueste Einrichtung dieser Art im Longuedoc-Roussillon. Mit 137.100 ha nimmt er rund ein Drittel der gesamten Fläche des Départements Pyrénées-Orientales ein, das mit nur 21.000 Einwohnern in 64 Kommunen vergleichsweise dünn besiedelt ist. Vor den bis zu 3.000 m hohen Gipfeln der Massive Canigou, Carlit und Puigmal erstreckt sich der zu 50 % bewaldete Park über die Gebirgsregionen Cerdagne, Capcir und Conflent und umfasst insgesamt fünf unter Naturschutz stehende Standorte - den Bouillouses-See und die „Wüste" des Carlit-Massivs, die Camporells-Seenplatte, den Lanoux-See, die Carança-Schlucht und das Canigou-Massiv - sowie die sieben Naturschutzgebiete Conat, Eynes, Jujols, Mantet, Nohèdes, Py und Nyer. 58 % der parkeigenen Flächen sind überdies als Natura 2000-Gebiete eingestuft.

Hochebenen, tiefe Täler, schroffe Gebirgszüge von atemberaubender Schönheit, Gebirgsseen, Bergdörfer und einsame Gehöfte sowie eine artenreiche Flora - ca. 1.000 Pflanzenarten sind dokumentiert - und Fauna - Pyrenäen-Gämse, Murmeltiere, Schneehühner, Auerhühner und Bartgeier -, eine weitgehend intakte Hirtenwirtschaft und viele Tage Sonne im Jahr machen den Regionalpark Katalanische Pyrenäen zu einem Paradies für Wanderer mit teils leichten, teils mittelschweren bis anspruchsvollen Wegen wie dem GR 10, der zum Canigou, zum Carança-Massif und zu den Seen Carlit und Lanoux führt. Der Park ist aber mehr als nur ein Naturschutzgebiet. Seine ausgeprägte kulturelle Identität, die u. a. im aktiven Fortbestand der katalanischen Sprache zum Ausdruck kommt, und seine architektonische Vielfalt - romanische Kirchen u. a. in Ria, Ur, Corneilla-de-Conflent, Saint-Michel-de-Cuxa (s. S. 135) und Saint-Martin-du-Canigou (s. S. 135) nebst Festungsstädten wie den Weltkulturerbe-Anwärterinnen Mont-Louis (s. S. 129) und Villefranche-de-Conflent (s. S. 139) - machen ihn darüber hinaus zu einer Hochburg für anspruchsvollen Tourismus.

Links

Der Ort Py liegt in einem der sieben Naturschutzgebiete des Parks.

Oben

Die romanische Kirche von Ur im Carol-Tal

Natura 2000

Mit Natura 2000 will die EU einen umfassenden Verbund von Naturschutzgebieten schaffen. Ziele des Programms sind der Erhalt der Artenvielfalt und die Aufwertung heimischer Naturgüter.

Die in der Vogelschutzrichtlinie von 1979 und der Flora-Fauna-Habitat (FFH)-Richtlinie von 1992 festgelegten Prioritäten geben den rechtlichen Rahmen für das geplante ökologische Netzwerk vor.

So will die Vogelschutzrichtlinie den langfristigen Erhalt der europäischen Wildvogelarten mit gezielten Schutznahmen für insgesamt 181 bedrohte und daher besonders schutzbedürftige Arten und Unterarten sichern. Über 3.000 Standorte wurden bereits zu so genannten besonderen Schutzgebieten erklärt. Die FFH-Richtlinie ihrerseits legt den Rahmen für EU-weite Maßnahmen zum Erhalt von Tier- und Pflanzenarten und deren Lebensräumen fest und enthält eine Liste von über 200 natürlichen Lebensräumen sowie 200 Tier- und 500 Pflanzenarten, die von gemeinschaftlichem Interesse und schutzbedürftig sind. Für den Schutz der bedrohten Arten und Lebensräume wurden über 20.000 so genannte Gebiete gemeinschaftlicher Bedeutung (GGB), die 12 % des EU-Gebietes ausmachen, geschaffen. ■

Rechts

Der Bouillouses-See ist einer der größten und schönsten der Cerdagne.

Oben

Der Palast der Könige von Mallorca

PERPIGNAN

Auch wenn Salvador Dali vom Bahnhof Perpignans behauptete, dass er „der Nabel der Welt" sei und er dort „eine Art kosmogonische Ekstase" empfinde, so hat doch die Stadt ihren Besuchern zum Glück weit mehr Wunderwerke zu bieten als nur ihren Bahnhof. Perpignan wurde spät, nämlich erst 1659 durch das Pyrenäen-Abkommen Frankreich einverleibt. Noch heute erinnern viele Spuren daran, dass die Stadt, bevor sie zur Hauptstadt des Départements Pyrénées-Orientales avancierte, Hauptstadt des Königreichs von Mallorca und der Grafen von Barcelona war. Ihre Vergangenheit erklärt, dass das französische und katalanische oder, besser gesagt, katalanische und französische Perpinya bis heute lieber nach Barcelona als nach Montpellier oder Paris blickt.

Im weitläufigen Straßengeflecht, das den Verlauf der ehemaligen Festungsmauern nachzeichnet, erinnert die Altstadt durch ihr belebtes, herzliches Ambiente unweigerlich an Spanien. Besonders augenscheinlich ist die hispanische Stimmung im Saint-Jacques-Viertel, wo Wäsche zum Trocknen an den Fenstern hängt, Stühle auf Bürgersteigen zu einem Schwätzchen zusammengerückt werden und auf den

Unten

Die «Venus mit Halskette» des Bildhauers Maillol vor dem ehemaligen Handelsgericht Loge de Mer

Unten

Campo Santo und Kathedrale Saint-Jean

Oben

„Procession de la Sanch" an Karfreitag

Märkten ein geschäftiges Treiben herrscht. Am Place de la Loge, dem wahren Herzen der Stadt, liegt das Saint-Jean-Viertel mit seinen vielen kleinen Plätzen und schmalen Gässchen. Hier sind einige herrliche gotische Baudenkmäler zu besichtigen: das Haus Xanxo in der Rue de la Main-de-Fer, das Haus Julia in der Rue des Fabriques-Nabot oder der Palais des Corts am Place des Orfèvres.

Überragt wird Perpignan von den imposanten Mauern seiner Zitadelle, dem spektakulärsten Bauwerk der Stadt. Sie wurde unter Ludwig XI. erbaut, unter Karl V. und Philippe II. neu befestigt und durch Vauban neu hergerichtet. Die Zitadelle umschließt das Palais der Könige von Mallorca (13.-14. Jh.), dessen Schlosshof auf meisterliche Art zivile gotische Baukunst verkörpert. Vor dem Hof bietet der Hommage-Turm einen herrlichen Ausblick auf die Stadt.

Ein weiteres köstliches Beispiel südländischer Gotik ist die Kathedrale Saint-Jean mit ihrer rechteckigen Fassade aus Ziegel- und Kieselstein und ihrem riesigen Längsschiff. Ihr Mobiliar besteht u. a. aus einem seltenen Taufbecken aus Marmor (7. Jh.), außergewöhnlichen Altaraufsätzen und einem, in einer Seitenkapelle zu bewundernden formvollendeten Christus am Kreuz.

Zu den weiteren bedeutenden Bauwerken der Stadt zählt das Castillet aus dem 14. Jh., ein Überbleibsel der Festungsanlage, das ehemalige Loge de Mer-Handelsgericht (15. Jh.), das Palais de la Députation (15. Jh.), das Rathaus (17. Jh.), die Kirchen Saint-Jean-le-Vieux (13. Jh.) und Sainte-Marie-la-Réal (14. Jh.) sowie der kuriose Friedhofs-Kreuzgang Campo Santo (14. Jh.).

Oben

Ufer des Têt und Castillet

PRADES

Das am Fuße des Mont Canigou in erfrischender Natur mit Obstgärten, rauschenden Wildwassern und Bächen gelegene Städtchen ist mit seinen reizvollen historischen Vierteln, Waschhäusern, mit rosafarbenem Marmor eingefassten Torbögen und Villen mit schmucken Fassaden den Umweg wert. Prades hat aber noch weit mehr zu bieten. Zum Beispiel die Kirche Saint-Pierre, deren romanischer Glockenturm glücklicherweise nicht wie im 17. Jh. geplant umgebaut wurde. Ihren barocken Altaraufsatz, den größten in ganz Frankreich, verdankt sie dem katalanischen Bildhauer Joseph Sunyer. Das in den Jahren 1696 - 1699 entstandene, meisterhaft ausgeführte Werk, das aus über einhundert Figuren, Statuen, Büsten und Basreliefs besteht, ist dem Leben des Hl. Petrus gewidmet. An anderen Stellen, insbesondere in den Seitenkapellen, gibt es ungewöhnlich aufwändig verarbeitete Einrichtungsstücke wie Altaraufsätze, eine Christusfigur aus Schwarzholz (16. Jh.) und eine Madonna mit Baldachin aus vergoldetem Holz (18. Jh.) zu bewundern. In den Schatzkammern sind eine komplette Reliquiensammlung, Goldschmiedekunst und Messkelche aus der Kirche selbst sowie aus der Abtei Cuixa zu sehen. Berühmt ist Prades darüber hinaus auch als Exil des herausragenden Cellisten und bewundernswerten Menschen Pablo Casals, der hier 1939 Zuflucht vor dem Franco-Regime fand und 1950 eines der renommiertesten Kammermusikfestivals Europas gründete, das auch nach dem Tod des Maestro Jahr für Jahr von Ende Juli bis Anfang August bedeutende Solisten und Ensembles aus aller Welt nach Prades lockt und Musikliebhaber in der Abtei Saint-Michel-de-Cuxa und den schönsten Kirchen der Region, darunter natürlich auch Saint-Pierre, mit an die fünfundzwanzig Konzerten erfreut.

Links

Die Statue des Hl. Petrus, ein Meisterwerk des katalanischen Bildhauers Joseph Sunyer

SAINT-MARTIN-DU-CANIGOU

Für emotionsgeladene Stimmung sorgt dieses wunderbare sakrale Bauwerk, das selbst im militantesten Atheisten religiöse Empfindungen auszulösen vermag. Die auf 1.100 m Höhe am Rande einer Schlucht gelegene Abtei wurde im Jahre 1000 durch den Grafen Guilfred von Cerdagne gegründet. Als vorteilhaft erweist sich der Tatbestand, dass sie nur über einen steilen Fußweg (ca. 1 Stunde hin und zurück) zu erreichen ist und der Ort dadurch bis heute eine mystische Ruhe ausstrahlt. Die Abtei wurde im 15. Jh. durch ein Erdbeben zerstört und verwahrloste während der Französischen Revolution. Erst im 20. Jh. wurde sie wieder aufgebaut. Wirklich umwerfend sind die Kirche, die Klostergebäude und der Kreuzgang, die in ihrem Reiz nur noch durch die atemberaubende Landschaft des Ortes übertroffen werden.

Oben

Die Abtei Saint-Martin-du-Canigou: Sinnbild des Glaubenstaumels

SAINT-MICHEL-DE-CUXA

Von friedlicher Anmut zeugt dieses kleine Tal am Fuße des Canigou-Massivs. Verglichen mit Saint-Martin du-Canigou begibt man sich hier in eine völlig andere Welt. Die Äbte von Saint-Michel scheinen ehrgeiziger - und weniger mystisch? - gewesen zu sein, denn sie machten aus ihrem Kloster eine kulturelle und, dem Zeitgeist folgend, eine politische Stätte, deren Einfluss sich auf ganz Katalonien erstreckte. Trotz der Beschädigungen durch das Revolutionsgeschehen und der Plünderung der Kapitelle des romanischen Kreuzgangs, von denen heute einige in New York ausgestellt sind, stellt das Bauwerk in seiner Ganzheit ein ausgesprochen harmonisches Gefüge dar. Besondere Beachtung verdienen die schlichte Kirche mit ihrem viereckigen Kirchturm über vier Etagen (11. Jh.), die Krypta der Madonna (11. Jh.) und die Kreuzgang-Rudimente.

Unten

Eine Hochburg des katalanischen Kulturraums

SALSES-LE-CHÂTEAU

Die Festung von Salses ist ein Meisterwerk europäischer Militärarchitektur, die im ausgehenden 15. Jh. im Auftrag von Ferdinand d'Aragon errichtet wurde, als die Region Roussillon noch spanisch war. Das an einer strategischen Grenzstelle zwischen Küste und Corbières-Ausläufern gelegene Bauwerk galt lange Zeit als uneinnehmbar. Für Abschreckung sorgten eine gewaltige Festungsmauer mit Ecktürmen, eine kleine Burg, ein 15 m breiter Graben, drei Zugbrücken und ein imposanter Bergfried. Die im Schnitt 10 m breiten und teilweise tief in der Erde verlaufenden Festungsmauern hielten selbst damaligen Artilleriegeschossen stand. Als das Roussillon im Jahre 1659 wieder französisch wurde, erwog Vauban, die Festung dem Erdboden gleich zu machen, ließ dann aber angesichts des gewaltigen Ausmaßes des Unterfangens wieder von seinem Plan ab und begnügte sich damit, die Festung neu herzurichten.

Oben

Die gewaltige Festungsanlage galt lange Zeit als uneinnehmbar.

Unten und rechts

An der Empore des Priorats durften nur die größten Meister der Bildhauerkunst Hand anlegen (rechts: Teilansicht eines Kapitells).

SERRABONE

Das strenge Erscheinungsbild dieses Priorats, seine kantige Architektur, sein quadratischer Kirchturm und seine in dunklem Stein gehaltenen Mauern mit ihren wenigen Öffnungen fügen sich bestens in die herbe Schönheit der Landschaft. Denn nicht weniger streng wirken die verbrannte Heide, die scharfkantigen Bergkämme und der tiefe Abgrund, an dem sich das Bauwerk befindet. Umso größer ist das Erstaunen beim Betreten der Gemäuer, denn der Innendekor ist von unerwartetem Raffinement. Die Kreuzgang-Galerie wird von Arkaden überspannt und von formvollendeten, eleganten Säulen gesäumt, der Lettner aus rosa Marmor besitzt herrlich verzierte Kapitelle und der große Lichteinfall im Kirchenschiff taucht das Bauwerk in eine erstaunliche Helle. Dieser umwerfende Kontrast macht die Besichtigung der Klosterkirche Serrabone zu einem unvergesslichen Erlebnis.

TAUTAVEL

Nichts ließ vermuten, dass dieses kleine Dorf einmal Weltgeschichte machen würde – bis zum Jahre 1971, als in der nahe gelegenen Caune de l'Arago-Höhle Reste eines vor 450.000 Jahren lebenden Menschen gefunden wurden. Viele Jahre lang galt der Mensch von Tautavel als der älteste bekannte Europäer, bis er seinen Titel an einen Spanier verlor. Das Museum für Vorgeschichte bedient sich hochmoderner Museumstechniken (Videos, interaktive Bildschirme, Dioramen, Bildwände usw.), um die spannende Geschichte des Tautavel-Menschen und die menschliche Evolution nachzuzeichnen.

Oben

Museum für Vorgeschichte in Tautavel

Unten

In den Höhlen dieses Bergmassivs lebten die ersten Europäer.

DER GELBE ZUG

Zwischen Villefranche-de-Conflent und La Tour-de-Carol verläuft eine der malerischsten Eisenbahnstrecken Frankreichs. Der in den Jahren 1903 bis 1927 zur Anbindung der abgelegenen katalanischen Hochebenen gebaute Zug bewältigt die insgesamt 63 km lange Strecke, die durch fantastische Landschaften mit Schluchten, Talengen, mittelalterlichen Ortschaften und verfallenen Burgen führt, bei gemütlicher Gangart in zweieinhalb Stunden. Mit einer Reisegeschwindigkeit von 30 km/h und gelegentlichen „Spitzen" bis zu 55 km/h, der zulässigen Höchstgeschwindigkeit, werden insgesamt vierundzwanzig Haltestellen - sechs immer, die restlichen achtzehn nur bei Bedarf - angefahren. Bolquère ist eine von ihnen und mit 1.593 Höhenmetern die höchst gelegene Bahnstation des Landes. Der Bau der Strecke ist auch im Zeitalter von Hochgeschwindigkeitszügen eine bautechnische Meisterleistung. Die Zahlen sprechen für sich: 650 Bauwerke, darunter neunzehn Tunnels, zwei bewundernswerte Brücken - der Viadukt Séjourné und die Gisclard-Brücke -, 390 Kurven, 1.166 m Höhenunterschied und ein Rekordgefälle von 6 %. Nicht minder eindrucksvoll ist das elektrische Antriebssystem des Zugs, der über die Bouillouses-Stauseen und das Wasserkraftwerk im Têt-Tal umweltfreundlich mit Energie versorgt wird. So macht Bahnfahren wieder Spaß!

Linke Seite oben

Die Séjourné-Talbrücke ist eines der eindrucksvollsten Bauwerke auf der Strecke des „Train Jaune".

Linke Seite unten

Ganze 24 Haltstellen zählt die 63 km lange Bahnstrecke. Eine davon ist der Bahnhof von Font-Romeu-Odeillo-Via.

Unten

Die Festungsanlage der Stadt wurde zuletzt von Vauban um Fort Libéra erweitert.

VILLEFRANCHE-DE-CONFLENT

Eine ganz besondere Seltenheit ist dieses fast tausendjährige Städtchen, das über die Täler der Flüsse Têt und Cady wacht, die sich am Fuße seiner Stadtmauern gabeln. Es ist komplett von teilweise noch aus dem 11. Jh. stammenden Festungsmauern eingefasst, darunter ein erstaunlicher Wehrgang, der in die dicken Mauern hineingebaut wurde. Die von Guillaume-Raymond, dem Grafen von Cerdagne, im Jahre 1090 gegründete Stadt ging in den Besitz der Könige von Aragon über. Diese ließen die Festungsmauern im 14. Jh. durch Rundtürme ergänzen. Wieder einmal war es Vauban, der das Werk seiner Vorgänger vollendete, indem er Bastionen hinzufügte und oberhalb der Stadt Fort Libéra bauen ließ, das über die unterirdische „1.000 Stufen-Treppe" zu erreichen ist. Die Stadt selbst entwickelte sich um die zwei Hauptstraßen Saint-Jean und Saint-Jacques, die von mittelalterlichen Häusern aus rosa Marmor gesäumt werden. Bemerkenswert ist die Kirche Saint-Jacques, die vom Tour du Diable (Teufelsturm) flankiert wird und ein schönes romanisches Portal aus Marmor sowie Grabsteine besitzt, die mit grinsenden(!) Totenköpfen geziert sind.

Wichtige Feste und Feiern im Languedoc-Roussillon

JANUAR
Limoux
Traditioneller Karneval
(jedes Wochenende bis April und Faschingsdienstag)

FEBRUAR
Céret
Les Méditerranéennes: Festival der Volksmusik des Mittelmeerraums
Pézenas
Straßenfest (Faschingsdienstag)
Prats de Mollo
Bärenfest
Roquemaure
Festliche Begehung des Valentinstags

MÄRZ
Lunel
Courses camarguaises (Stierkampf) (bis November)

APRIL
Béziers
Fest „Sainte-Aphrodise“
Elne
Primavera d'Elne: katalanisches Volksfest und Frühlingsjahrmarkt
Leucate
Mondial du Vent: sportliche Animationen rund ums Meer und den Wind
Marsillargues
Courses camarguaises (Stierkampf) (bis Ende Oktober)
Perpignan
Sanch-Prozession (Karfreitag)
Sète
Fest der Lanzenstecher (bis Ende September)

MAI-JUNI
Narbonne
Natur'ailes: sportliche Animationen rund ums Meer und den Wind
Nîmes
Pfingstfest (Straßentheater, Corridas, Bodegas, usw.)

JUNI
Banyuls-sur-Mer
Fest „Saint-Jean“
Beaucaire
Fête du Drac: Stierkämpfe, Straßenumzüge, Märkte und Konzerte
Bouzigues
Fest „Saint-Pierre“ und Fischerfest
Le Grau-du-Roi
Vogua Monstra: Ruderwettbewerb und Fest der mittelländischen Kultur
Fest der Lanzenstecher (bis Ende September)
Gruissan
Fest „Saint-Pierre“ und Fischerfest
Montpellier
Tanztheaterfestival Montpellier: internationale Choreographen, Modern Dance
Palavas-les-Flots
Fest der Lanzenstecher (bis Ende September)
Perpignan
Festival „Festa Major“, Fest der Sonnenwende und „Feu de la Saint-Jean“

JULI
Banyuls-sur-Mer
Katalanisches Volksfest
Cap-d'Agde
Fest rund ums Meer

Céret
Internationales Festival des katalanischen Tanzes Sardane
Feria mit Straßentheater, Corridas, usw.
Frontignan
Fest rund ums Meer
Limoux
Internationales Folklore-Festival des Départements Aude
Mende
Folklore-Veranstaltungen in Mende

AUGUST
Aigues-Mortes
Fest „Saint-Jean"
Amélie-les-Bains
Folklore-Festival
Béziers
Feria (Corridas, Bodegas, Konzerte...)
Collioure
Feria mit Animationen rund um den Wassersport, Corridas, usw.
Mont-Louis
Fest „Saint-Louis" mit historischen Festveranstaltungen
Montpellier
Fest „Saint Roch" mit religiösen Zeremonien, Konferenzen, Veranstaltungen, Aufführungen
Pérols
Messe in den Arenen von Pérols, im Beisein von Rinderhirten und Frauen in traditioneller Tracht
Prades
Pablo Casals Festival für Kammermusik
Rivesaltes
Karneval „Babau": mit Animationen und mittelalterlichem Markt
Sète
Fest „Saint-Louis": Straßentheater und Wettkampf der Lanzenstecher

SEPTEMBER
Nîmes
Weinlese-Feria

OKTOBER
Banyuls-sur-Mer
Weinlesefest

DEZEMBER
Narbonne
Weihnachtsfest: Straßentheater, Krippe, Weihnachtsmarkt

Die Veranstaltungsdaten ändern sich von Jahr zu Jahr.
Nähere Auskünfte erteilen die Fremdenverkehrsvereine der einzelnen Départements (s. u. Comité départemental du tourisme).

AUDE
Comité départemental du tourisme, rue Moulin-de-la-Seigne, 11000 Carcassonne,
Tel. +33 (0)4 68 11 66 01.

GARD
Comité départemental du tourisme, 3 place des Arènes, 30011 Nîmes Cedex,
Tel. +33 (0)4 66 36 96 30.

HÉRAULT
Comité départemental du tourisme, avenue des Moulins, 34034 Montpellier Cedex,
Tel. +33 (0)4 67 67 71 71.

LOZÈRE
Comité départemental du tourisme, 14 boulevard Henri-Bourrillon,
48002 Mende Cedex,
Tel. +33 (0)4 66 65 60 00.

PYRÉNÉES-ORIENTALES
Comité départemental du tourisme,
quai De-Lattre-de-Tassigny, 66005 Perpignan Cedex,
Tel. +33 (0)4 68 34 29 94.

Inhalt

Literaturhinweise

Der Canal du Midi – Geschichte einer technischen Meisterleistung, René Gast und Bruno Barbier, Editions Ouest-France

Le Languedoc-Roussillon, Simonetta Greggio und Richard Nourry, Editions Ouest-France

La Route des abbayes en Languedoc-Roussillon, Frédérique Barbut, Catherine Bibollet und Richard Nourry, Editions Ouest-France

Saint-Guilhem-le-Désert, Frédérique Barbut und Richard Nourry, Editions Ouest-France

Carcassonne, Jean-Pierre Panouillé, Editions Ouest-France

Montpellier et ses environs, Yvon Busson, Editions Ouest-France

Comprendre la tragédie des Cathares, Claude Lebédel und Catherine Bibollet, Editions Ouest-France

Danksagung

Der besondere Dank der Autoren gilt Patricia de Pouzilhac
und Dominique Klépandy vom Comité Régional du Tourisme des Languedoc-Roussillon.

Herausgeber: Henri Bancaud
Koordinierung: Solenne Lambert
Layout und Fotogravüre: Nord Compo, Villeneuve d'Ascq (59)
Druck: Kapp Lahure Jombart, Evreux (27)

ISBN 978.2.7373.4415.2 - Herausgeber-Nr.: 5598.01.1,5.05.08
Gesetzliche Hinterlegung: Mai 2008. Printed in France.
Besuchen Sie uns im Internet unter www.editionsouestfrance.fr